介音 i					介音 u								介音 ü			
ian	in	iang	ing	iong	u	ua	uo	uai	uei	uan	uen	uang	ueng	ü	üe	üan	ün
yan	yin	yang	ying	yong	wu	wa	wo	wai	wei	wan	wen	wang	weng	yu	yue	yuan	yun
bian	bin		bing		bu												
pian	pin		ping		pu												
mian	min		ming		mu												
					fu												
dian			ding		du		duo		dui	duan	dun						
tian			ting		tu		tuo		tui	tuan	tun						
nian	nin	niang	ning		nu		nuo			nuan				nü	nüe		
lian	lin	liang	ling		lu		luo			luan	lun			lü	lüe		
					gu	gua	guo	guai	gui	guan	gun	guang					
					ku	kua	kuo	kuai	kui	kuan	kun	kuang					
					hu	hua	huo	huai	hui	huan	hun	huang					
jian	jin	jiang	jing	jiong										ju	jue	juan	jun
qian	qin	qiang	qing	qiong										qu	que	quan	qun
xian	xin	xiang	xing	xiong										xu	xue	xuan	xun
					zhu	zhua	zhuo	zhuai	zhui	zhuan	zhun	zhuang					
					chu	chua	chuo	chuai	chui	chuan	chun	chuang					
					shu	shua	shuo	shuai	shui	shuan	shun	shuang					
					ru	rua	ruo		rui	ruan	run						
					zu		zuo		zui	zuan	zun						
					cu		cuo		cui	cuan	cun						
					su		suo		sui	suan	sun						

中文学習基礎編
改訂版

余慕・小栗山恵・綾部武彦

Basic Chinese Language

KINSEIDO

は　し　が　き

　本書は大学で通年の授業を想定して作成しました。
本書の主な特徴は次の通りです。

1　発音篇では、ピンインを大きな活字で示し、板書をしなくても
　　テキストを見ながら授業が進められるようにしました。CDの
　　頭出しも細かくできるようにし、発音練習がやりやすくなるよ
　　う配慮しました。
2　本文は全部で18課あります。どの課も会話文と文章体の課文
　　で構成されています。2年次の講読の授業にもスムーズに入っ
　　ていけるように中国語の文章にも慣れてください。第8課から
　　は課文にはピンインが付いていません。ピンインなしの音読練
　　習にも挑戦してください。
3　ポイントでは、本文に現れる文法項目を4項目ずつ採りあげ、
　　1ページにコンパクトにまとめました。初級の重要文法項目は
　　ほぼ網羅してあります。
4　豊富な入れ替え練習を付けました。この練習を通して中国語で
　　簡単な表現ができるようになるでしょう。
5　巻末に中日・日中単語集を付けました。中国語でいろいろな表
　　現ができるように自由自在にご活用ください。

　本書を通じて、みなさんがしっかりした中国語の基礎力を身に付
けられるように願っています。

　　　　　　　　　　　　　　　　　　　　　　　　著者一同

目　次

発音篇　6
1. 声調
2. 単母音
3. 子音
4. 複合母音
5. 鼻音を伴う母音
6. 特殊な母音
7. r化
8. "不、一"の変調
9. 二音節の練習(1)
10. 二音節の練習(2)

常用会話1(数字1、誕生日ほか)　　常用会話2(年月日)
常用会話3(曜日)、4(家族)　　　　常用会話5(年齢)

第一课　介绍　14
1. "是"構文
2. 語気助詞"呢"
3. 副詞"也"
4. 副詞"都"

第二课　这是什么?　18
1. 疑問詞疑問文
2. 反復疑問文
3. 連体修飾語(定語) 名詞+"的"
4. 名詞述語文(時刻の表現)

第三课　我的一天　22
1. 時間詞の位置
2. 動詞述語文(動詞+目的語)
3. 連動文
4. 連体修飾語 動詞+"的"

第四课　我很忙　26
1. 形容詞述語文
2. 比較の表現
3. 前置詞(介詞)"离"
4. 主述述語文

第五课　你有词典吗?　30
1. "有"構文
2. 助数詞（量詞）
3. 金銭の単位と数字2
4. 連体修飾語 形容詞+"的"

第六课　食堂在哪儿?　34
1. 動詞"在"（所在を表す)
2. 前置詞(介詞)　"在"
3. 前置詞(介詞)　"到"
4. 方位詞"～边""～面"

第七课　我想去旅行　38
1. 助動詞(能願動詞)"想"
2. 選択疑問文"还是"
3. 前置詞(介詞)"跟"
4. 助動詞(能願動詞)"要"

第八课　我能游一百米　42
1. 助動詞(能願動詞)"会"1
2. 助動詞(能願動詞)"能"1
3. 語気助詞"吧"
4. 助動詞"会"2、"能"2

第九课 你们在说什么？		46
1　副詞"在"（進行）	2　様態補語"得"	
3　助動詞（能願動詞）"可以"	4　"越来越～"／"越～越…"	
第十课 我病了		50
1　語気助詞"了"	2　副詞"再""又"	
3　アスペクト助詞（動態助詞）"了"	4　"一点儿～也／都"	
第十一课 我送他一本汉语课本吧		54
1　前置詞（介詞）"给"	2　前置詞（介詞）"从"	
3　二重目的語文	4　動詞＋"给"	
第十二课 我去过一次		58
1　動詞＋"过"	2　動量補語	
3　時量補語	4　"该～了"	
第十三课 我还没看完		62
1　結果補語	2　可能補語1	
3　動詞＋"在"	4　逆接を表す接続詞	
第十四课 她跑出去了		66
1　方向補語1（単純方向補語）	2　方向補語2（複合方向補語）	
3　可能補語2	4　方向補語3（抽象用法）	
第十五课 你把衣服洗洗吧		70
1　"把"構文（処置文）	2　動詞の重ね型	
3　受け身文"被"	4　助動詞"应该"	
第十六课 后天就要考试了		74
1　使役文"让"	2　使役文"叫"	
3　"就要～了"	4　"连～也／都"	
第十七课 下雨了		78
1　存現文	2　動詞＋"着"（持続を表す）	
3　動詞＋"着"＋動詞（方式、状態）	4　"是～的"	
第十八课 我十点就睡觉了		82
1　副詞"才"	2　副詞"就"	
3　"怎么"	4　"和（跟）～一样"	
中日単語集		86
日中単語集		96

発音篇

1 声調 CD 2

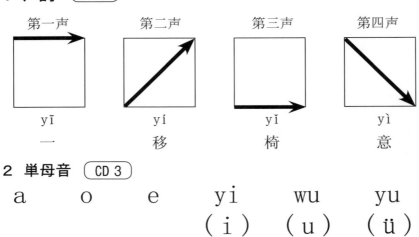

第一声	第二声	第三声	第四声
yī	yí	yǐ	yì
一	移	椅	意

2 単母音 CD 3

a　　o　　e　　yi　　wu　　yu
　　　　　　　　（i）　（u）　（ü）

　　　a ： 口をたてに大きく「アー」
　　　o ： 舌を奥に引き、唇を丸く「オー」
　　　e ： 舌を奥に「エ」の口の構えで「オー」
yi(i)： 口を左右に引き、鋭く「イー」
wu(u)： 唇を小さく丸くすぼめ、舌を奥に「ウー」
yu(ü)： 唇を強くすぼめ、口のなかで「ユー」

※発音しましょう。

1　ó(哦)―é(鹅)　　2　è(饿)―wù(雾)　　3　wú(吴)―yú(鱼)

4　āyí(阿姨)　　5　èyú(鳄鱼)　　6　yǔyī(雨衣)

＊つづり方と発音(1)："i"の声調符号

　　yī(一)　　nín(您)　　nǐ(你)　　xìng(姓)

3 子音　CD 4

b(o)	p(o)	m(o)	f(o)
d(e)	t(e)	n(e)	l(e)
g(e)	k(e)	h(e)	
j(i)	q(i)	x(i)	
zh(i)	ch(i)	sh(i)	r(i)
z(i)	c(i)	s(i)	

4 複合母音　CD 5

ai　ei　ao　ou

ya　ye　wa　wo　yue
(ia)　(ie)　(ua)　(uo)　(üe)

wai　wei　yao　you
(uai)　(uei)　(iao)　(iou)

＊つづり方と発音(2)：声調符号の位置

1) a ＜ o/e ＜ i/u　　2) ui と iu

hǎo(好)　jiā(家)　niǎo(鸟)　　huí(回)　shuǐ(水)

guó(国)　shéi(谁)　xiě(写)　　liù(六)　niú(牛)

5 鼻音を伴う母音　CD 6

an　　ang　　en　　eng　　yin　ying
　　　　　　　　　　　　　　　(in)　(ing)

wan　wang　　wen　weng　　yan　yang
(uan)(uang)　(uen)(ueng)　(ian)(iang)

yuan　　　yun　　　yong
(üan)　　(ün)　　(iong)　　　−ong

6 特殊な母音　CD 7

　　　　èr　　　érzi　　　nǚ'ér　　ěrduo
er　　二　　儿子　　女儿　　耳朵

7 r 化　CD 8

nàr　　　zhèr　　　huà huàr　　chàng gēr
那儿　　这儿　　画 画儿　　唱　歌儿

guāzǐr　　xiǎoháir　　yìdiǎnr　　yǒu kòngr
瓜子儿　　小孩儿　　一点儿　　有　空儿

＊つづり方と発音(3)：子音　＋　iou、uei、uen
　　　j + iou → jiǔ(九)　　　g + uei → guì(贵)
　　　k + uen → kùn(困)

8 "不(bù)、一(yī)"の変調　CD 9

8-1 後ろが1、2、3声の場合"不、一"は4声。

bù gāo　　　bù cháng　　bù duǎn
不 高　　　不 长　　　不 短

yìqiān　　　yì píng　　　yìbǎi
一千　　　　一 瓶　　　　一百

8-2 後ろが4声の場合、"不、一"は2声になる。　CD 10

bú dà　　　bú rè　　　bú duì
不 大　　　不 热　　　不 对

yí cì　　　yíwàn　　　yí ge
一 次　　　一 万　　　一 个

8-3 序数の"一"は1声のまま。　CD 11

一、二、三（yī、èr、sān）

一楼、二楼（yī lóu、èr lóu）

一年级、二年级（yī niánjí、èr niánjí）

一九一一年（yī jiǔ yī yī nián）

一月一号（yī yuè yī hào）

＊つづり方と発音（4）：変調「三声+三声」

三声　　+　　三声　　→　　二声　　+　　三声
nǐ　　　　　hǎo　　　　　（ní）　　　hǎo
你　　　　　好　　　　　　你　　　　　好

9 二音節の練習(1)

[CD 12]

(1) 一声+一声　　kāfēi　　　　Dōngjīng　　　shūbāo
　　　　　　　　咖啡　　　　　东京　　　　　书包
　　一声+二声　　Zhōngguó　　jīnnián　　　　gāngqín
　　　　　　　　中国　　　　　今年　　　　　钢琴
　　一声+三声　　qiānbǐ　　　　Yīngyǔ　　　　hēibǎn
　　　　　　　　铅笔　　　　　英语　　　　　黑板
　　一声+四声　　yīnyuè　　　　shūdiàn　　　　chēzhàn
　　　　　　　　音乐　　　　　书店　　　　　车站
　　一声+軽声　　māma　　　　　gēge　　　　　zhuōzi
　　　　　　　　妈妈　　　　　哥哥　　　　　桌子

[CD 13]

(2) 二声+一声　　míngtiān　　　qiánbāo　　　　pángbiān
　　　　　　　　明天　　　　　钱包　　　　　旁边
　　二声+二声　　hóngchá　　　liúxué　　　　　yóujú
　　　　　　　　红茶　　　　　留学　　　　　邮局
　　二声+三声　　cídiǎn　　　　niúnǎi　　　　　yóuyǒng
　　　　　　　　辞典　　　　　牛奶　　　　　游泳
　　二声+四声　　zázhì　　　　xuéxiào　　　　yíyàng
　　　　　　　　杂志　　　　　学校　　　　　一样
　　二声+軽声　　xuésheng　　　péngyou　　　　míngzi
　　　　　　　　学生　　　　　朋友　　　　　名字

＊つづり方と発音(5)：**大文字、隔音符合**

　　　　Dōngjīng Dū　　Běijīng Zhàn　　Zuǒténg Tàiláng　　Zhāng Lì
　1)　东京　都　　　北京　站　　　佐藤　太郎　　　　张　力
　　　　kě'ài　　　　　shí'èr　　　　　hǎi'ōu　　　　　　Xī'ān
　2)　可爱　　　　　十二　　　　　海鸥　　　　　　西安

10 二音節の練習(2)

CD 14

(3) 三声+一声 　　lǎoshī 　　　shǒujī 　　　dǎgōng
　　　　　　　　老师 　　　　手机 　　　　打工
　　三声+二声 　　wǎngqiú 　　Fǎguó 　　　lǚxíng
　　　　　　　　网球 　　　　法国 　　　　旅行
　　三声+三声 　　lǎoshǔ 　　　shǒubiǎo 　　yǔsǎn
　　　　　　　　老鼠 　　　　手表 　　　　雨伞
　　三声+四声 　　zǎofàn 　　　shǒujuànr 　　kě'ài
　　　　　　　　早饭 　　　　手绢儿 　　　可爱
　　三声+軽声 　　jiějie 　　　yǐzi 　　　　wǎnshang
　　　　　　　　姐姐 　　　　椅子 　　　　晚上

CD 15

(4) 四声+一声 　　miànbāo 　　hòutiān 　　　lùyīn
　　　　　　　　面包 　　　　后天 　　　　录音
　　四声+二声 　　qùnián 　　　xiàngpí 　　　bàngqiú
　　　　　　　　去年 　　　　橡皮 　　　　棒球
　　四声+三声 　　Rìběn 　　　Shànghǎi 　　diànnǎo
　　　　　　　　日本 　　　　上海 　　　　电脑
　　四声+四声 　　jiàoshì 　　　diànhuà 　　　shuìjiào
　　　　　　　　教室 　　　　电话 　　　　睡觉
　　四声+軽声 　　dìdi 　　　　mèimei 　　　bàba
　　　　　　　　弟弟 　　　　妹妹 　　　　爸爸

＊つづり方と発音(6)：鼻音 n・ng と日本漢字音(漢音)

　　　　音(イン) → yīn 　　　点(テン) → diǎn
　　　　生(セイ) → shēng 　　明(メイ) → míng

< 常用会話 1 >

CD 16

(1) Nín guìxìng? Wǒ xìng Zuǒténg.
　　您　贵姓？　　　　　　　　我　姓　佐藤。

(2) Nǐ jǐ niánjí? Wǒ yī niánjí.
　　你　几　年级？　　　　　　我　一　年级。

(3) Nǐ duō dà? Wǒ shíbā suì.
　　你　多　大？　　　　　　　我　十八　岁。

(4) Nǐ de shēngrì jǐ yuè jǐ hào?
　　你　的　生日　几　月　几　号？
　　Wǒ de shēngrì sì yuè shí hào.
　　我　的　生日　四　月　十　号。

CD 17

< 単語 1 >

yī	èr	sān	sì	wǔ	liù	qī	bā	jiǔ	shí
一	二	三	四	五	六	七	八	九	十

shíyī	shí'èr	shísān	shísì	shíbā	shíjiǔ	èrshí
十一	十二	十三	十四	十八	十九	二十

èrshiyī	èrshi'èr	èrshisān	jiǔshibā	jiǔshijiǔ	yìbǎi
二十一	二十二	二十三	九十八	九十九	一百

< 常用会話 2 >

CD 18

(5) Jīntiān jǐ yuè jǐ hào?
　　今天　几　月　几　号？

(6) Jīnnián èr líng líng jǐ nián?
　　今年　二　〇　〇　几　年？

CD 19

< 単語 2 >

qiántiān	zuótiān	jīntiān	míngtiān	hòutiān
前天	昨天	今天	明天	后天
qiánnián	qùnián	jīnnián	míngnián	hòunián
前年	去年	今年	明年	后年

< 常用会話 3 >

CD 20
(7) Míngtiān xīngqī jǐ ?　　Míngtiān xīngqī sān .
　　明天　星期　几 ?　　　明天　星期 三 。

CD 21
< 単語 3 >

xīngqī yī	xīngqī èr	xīngqī sān	xīngqī sì
星期 一	星期 二	星期 三	星期 四
xīngqī wǔ	xīngqī liù	xīngqī tiān	(xīngqī rì)
星期 五	星期 六	星期 天	(星期 日)

< 常用会話 4 >

CD 22
(8) Nǐ jiā yǒu jǐ kǒu rén ?
　　你 家 有 几 口 人 ?
　　Wǒ jiā yǒu wǔ kǒu rén .
　　我 家 有 五 口 人 。

CD 23
(9) Nǐ jiā dōu yǒu shénme rén ?
　　你 家 都 有 什么 人 ?
　　Wǒ jiā yǒu bàba、māma、liǎng ge gēge hé wǒ .
　　我 家 有 爸爸、妈妈、两 个 哥哥 和 我 。

< 単語 4 >

CD 24
bàba	māma	gēge	jiějie
爸爸	妈妈	哥哥	姐姐
dìdi	mèimei	yéye	nǎinai
弟弟	妹妹	爷爷	奶奶

< 常用会話 5 >

CD 25
(10) Nǐ bàba duōdà suìshu ?　　Wǒ bàba wǔshí suì .
　　你 爸爸 多大 岁数 ?　　　我 爸爸 五十 岁 。

第一课　介绍
Dì yī kè　Jièshào

会话　佐藤：您贵姓？
Huìhuà Zuǒténg Nín guìxìng?

　　　张：我姓张。你呢？
　　　Zhāng Wǒ xìng Zhāng. Nǐ ne?

　　佐藤：我姓佐藤。你好！
　　Zuǒténg Wǒ xìng Zuǒténg. Nǐ hǎo!

　　　张：你好！你是中国人吗？
　　　Zhāng Nǐ hǎo! Nǐ shì Zhōngguórén ma?

　　佐藤：我不是中国人，我是日本人。
　　Zuǒténg Wǒ bú shì Zhōngguórén, wǒ shì Rìběnrén.

　　　　　我是学生。
　　　　　Wǒ shì xuésheng.

　　　张：我是中国人，我也是学生。
　　　Zhāng Wǒ shì Zhōngguórén, wǒ yě shì xuésheng.

课文　我姓佐藤，我是日本人。我是学生。小张是中国人，他也是学生。我们都是大学生。
Kèwén Wǒ xìng Zuǒténg, wǒ shì Rìběnrén. Wǒ shì xuésheng. Xiǎo Zhāng shì Zhōngguórén, tā yě shì xuésheng. Wǒmen dōu shì dàxuéshēng.

生词　介绍 jièshào ／ 您 nín ／ 贵姓 guìxìng ／ 我 wǒ ／ 姓 xìng ／ 你 nǐ ／ 呢 ne ／ 你好 nǐ hǎo ／ 是 shì ／ 中国人 Zhōngguórén ／ 吗 ma ／ 不 bù ／ 日本人 Rìběnrén ／ 学生 xuésheng ／ 也 yě ／ 他 tā ／ 我们 wǒmen ／ 都 dōu ／ 大学生 dàxuéshēng
Shēngcí

ポイント

1．"是"構文：〜は〜である。
1) 我是日本人。　　　　　Wǒ shì Rìběnrén.
2) 你是日本人吗？　　　　Nǐ shì Rìběnrén ma?
3) 我不是日本人。　　　　Wǒ bú shì Rìběnrén.
4) 你是哪国人？　　　　　Nǐ shì nǎ guó rén?

2．語気助詞"呢"：〜は？
1) 我姓张, 你呢？　　　　Wǒ xìng Zhāng, nǐ ne?
2) 我是日本人, 你呢？　　Wǒ shì Rìběnrén, nǐ ne?
3) 我是学生, 你呢？　　　Wǒ shì xuésheng, nǐ ne?

3．副詞"也"：〜も
1) 他也是学生。　　　　　Tā yě shì xuésheng.
2) 我也是日本人。　　　　Wǒ yě shì Rìběnrén.
3) 她也是中国人。　　　　Tā yě shì Zhōngguórén.

4．副詞"都"：〜みな、いずれも
1) 你们都是大学生吗？　　Nǐmen dōu shì dàxuéshēng ma?
2) 我们都不是大学生。　　Wǒmen dōu bú shì dàxuéshēng.
3) 我们不都是大学生。　　Wǒmen bù dōu shì dàxuéshēng.
4) 我们也都是大学生。　　Wǒmen yě dōu shì dàxuéshēng.

練習

[CD 29]

一、例語を用い、下線＿＿を入れ換えて発音しましょう。
　　（下線＿＿は会話が成立するよう入れ替えなさい）

1) A: 他是谁?　　　Tā shì shéi?
   B: 他是老师。　Tā shì lǎoshī.
   　　同学 tóngxué　　　　　　学生 xuésheng
   　　大学生 dàxuéshēng　　　　留学生 liúxuéshēng
   　　职员 zhíyuán　　　　　　医生 yīshēng
   　　翻译 fānyì　　　　　　　司机 sījī
   　　服务员 fúwùyuán　　　　　公司职员 gōngsī zhíyuán

2) A: 他是中国人吗?　　　Tā shì Zhōngguórén ma?
   B: 他不是中国人。　　Tā bú shì Zhōngguórén.
   　　日本人 Rìběnrén　　　　韩国人 Hánguórén
   　　美国人 Měiguórén　　　　德国人 Déguórén
   　　法国人 Fǎguórén　　　　英国人 Yīngguórén
   　　北京人 Běijīngrén　　　　上海人 Shànghǎirén
   　　香港人 Xiānggǎngrén　　　台湾人 Táiwānrén
   　　东京人 Dōngjīngrén　　　大阪人 Dàbǎnrén

3) A: 她是哪国人?　　Tā shì nǎ guó rén?
   B: 她是日本人。　Tā shì Rìběnrén.

4) A: 她是日本人。你呢?　Tā shì Rìběnrén. Nǐ ne?
   B: 我也是日本人。　　Wǒ yě shì Rìběnrén.
   　　我们都是日本人。　Wǒmen dōu shì Rìběnrén.

二、次のピンインを簡体字に直し、日本語に訳しなさい。

1. Nín guìxìng?

2. Nǐ shì nǎ guó rén?

3. Nǐ shì dàxuéshēng ma?

4. Tā yě shì xuésheng ma?

5. Nǐmen dōu shì Rìběnrén ma?

三、次の日本語を中国語に訳し、ピンインを付けなさい。

1. 彼は張という姓です。

2. 私も佐藤という姓です。

3. 彼女は先生ではありません。

4. 私も中国人ではありません。

5. 彼らはみな韓国人です。

Dì èr kè　Zhè shì shénme?
第二课　这是什么?

Huìhuà
会话　佐藤： Zhè shì shénme?
　　　　　这　是　什么?

　　　张： Zhè shì Zhōngwén kèběn.
　　　　　这　是　中文　课本。

　　　佐藤： Zhè shì shéi de Zhōngwén kèběn?
　　　　　这　是　谁　的　中文　课本?

　　　　　Shì bu shì lǎoshī de?
　　　　　是　不　是　老师　的?

　　　张： Shì, shì lǎoshī de kèběn.
　　　　　是，是　老师　的　课本。

　　　佐藤： Xiànzài jǐ diǎn?
　　　　　现在　几　点?

　　　张： Xiànzài bā diǎn wǔshí fēn.
　　　　　现在　八　点　五十　分。

　　　佐藤： Wǒ xiān zǒu le, zàijiàn!
　　　　　我　先　走　了，再见!

Kèwén
课文　Zhè shì Zhōngwén kèběn, shì lǎoshī de kèběn,
　　　这　是　中文　课本，是　老师　的　课本，

bú shì wǒ de. Wǒ de shǒubiǎo xiànzài bā diǎn wǔshí
不　是　我　的。我　的　手表　现在　八　点　五十

fēn.
分。

Shēngcí
生词　这 zhè / 什么 shénme / 中文 Zhōngwén / 课本 kèběn /
　　　谁 shéi / 的 de / 现在 xiànzài / 几 jǐ / 点 diǎn / 分 fēn / 先 xiān / 走 zǒu / 再见 zàijiàn / 手表 shǒubiǎo

第二課

ポイント

1. 疑問詞疑問文
1) 他是哪国人?　　　　　Tā shì nǎ guó rén?
2) 他是谁?　　　　　　　Tā shì shéi?
3) 今天几月几号?　　　　Jīntiān jǐ yuè jǐ hào?
4) 这是什么?　　　　　　Zhè shì shénme?

2. 反復疑問文
1) 这是不是你的?　　　　Zhè shì bu shì nǐ de?
2) 这是不是他的?　　　　Zhè shì bu shì tā de?
3) 这是不是中文课本?　　Zhè shì bu shì Zhōngwén kèběn?

3. 連体修飾語(定語): 名詞+"的"
1) 这是我的雨伞。　　　　Zhè shì wǒ de yǔsǎn.
2) 这是谁的书包?　　　　Zhè shì shéi de shūbāo?
3) 这是我们学校。　　　　Zhè shì wǒmen xuéxiào.

4. 名詞述語文（時刻の表現）
1) 现在两点半。　　　　　Xiànzài liǎng diǎn bàn.
2) 现在两点半吗?　　　　Xiànzài liǎng diǎn bàn ma?
3) 现在不是两点半。　　　Xiànzài bú shì liǎng diǎn bàn.
4) 现在几点?　　　　　　Xiànzài jǐ diǎn?

練習

[CD 33]

一、例語を用い、下線____を入れ換えて発音しましょう。
　　（下線____は会話が成立するよう入れ替えなさい）

1) A: 那是什么？　　Nà shì shénme?
   B: 那是<u>词典</u>。　Nà shì <u>cídiǎn</u>.

　　纸 zhǐ　　　　　　书 shū　　　　　　　书包 shūbāo
　　椅子 yǐzi　　　　　桌子 zhuōzi　　　　　帽子 màozi
　　门 mén　　　　　　窗户 chuānghu　　　　黑板 hēibǎn

2) A: 这是<u>谁</u>的<u>笔记本</u>？　　Zhè shì <u>shéi</u> de <u>bǐjìběn</u>?
   B: 这是<u>我</u>的<u>笔记本</u>。　　Zhè shì <u>wǒ</u> de <u>bǐjìběn</u>.

　　小说 xiǎoshuō　　　　铅笔 qiānbǐ　　　　　　圆珠笔 yuánzhūbǐ
　　自动铅笔 zìdòng qiānbǐ　　　　　　　　　　　铅笔盒 qiānbǐhé
　　橡皮 xiàngpí　　　　手机 shǒujī　　　　　　眼镜 yǎnjìng

3) A: <u>你哥哥</u>是不是<u>大学生</u>？　　<u>Nǐ gēge</u> shì bu shì <u>dàxuéshēng</u>?
   B: 我哥哥不是大学生。　　Wǒ gēge bú shì dàxuéshēng.

　　她爸爸 tā bàba　　　　　　／　　公务员 gōngwùyuán
　　他们同学 tāmen tóngxué　　／　　留学生 liúxuéshēng
　　你们老师 nǐmen lǎoshī　　　／　　中国人 Zhōngguórén
　　你们朋友 nǐmen péngyou　　／　　韩国人 Hánguórén

4) A: 现在几点？　　　　Xiànzài jǐ diǎn?
   B: 现在三点一刻。　　Xiànzài sān diǎn yí kè.

二、次のピンインを簡体字に直し、日本語に訳しなさい。

1. Zhè shì shénme?

2. Nǐ bàba shì bu shì lǎoshī?

3. Nǐ shì nǎ ge dàxué de xuésheng?　　※ nǎ ge 哪个：どの、どれ

4. Zhè shì shéi de kèběn?

5. Xiànzài jǐ diǎn?

三、次の日本語を中国語に訳し、ピンインを付けなさい。

1. いま２時１５分です。

2. 私の母は医者です。

3. どれがあなたのテキストですか。　　※ どれ、どの：哪个 nǎ ge

4. 彼は誰ですか。

5. 私たちの先生は張先生ではありません。

ゆっくりめ　ふつう
CD 34　CD 35

第三课　我的一天
Dì sān kè　Wǒ de yī tiān

Huìhuà
会话

佐藤：你 每天 早上 几 点 起床？
　　　Nǐ měitiān zǎoshang jǐ diǎn qǐchuáng?

张：我 六 点 起床，七 点 吃 早饭，
　　Wǒ liù diǎn qǐchuáng, qī diǎn chī zǎofàn,

　　八 点 出门。你 呢？
　　bā diǎn chūmén. nǐ ne?

佐藤：我 七 点 起床，我 上午
　　　Wǒ qī diǎn qǐchuáng, wǒ shàngwǔ

　　　不 上课，去 图书馆 看书。
　　　bú shàngkè, qù túshūguǎn kàn shū.

张：我 也 常常 去 图书馆 做 作业。
　　Wǒ yě chángcháng qù túshūguǎn zuò zuòyè.

佐藤：这 是 你 买 的 书 吗？
　　　Zhè shì nǐ mǎi de shū ma?

张：不 是，这 是 借 的 书。
　　Bú shì, zhè shì jiè de shū.

CD 36

Kèwén
课文

我 每天 早上 七点 起床。我
Wǒ měitiān zǎoshang qī diǎn qǐchuáng. Wǒ

上午 不 上课，去 图书馆 看书。有 时候
shàngwǔ bú shàngkè, qù túshūguǎn kàn shū. Yǒu shíhou

也 去 图书馆 看 杂志、做 作业。
yě qù túshūguǎn kàn zázhì、zuò zuòyè.

Shēngcí
生词　一天 yì tiān/每天 měitiān/早上 zǎoshang/起床 qǐchuáng/吃 chī/早饭 zǎofàn/出门 chūmén/上午 shàngwǔ/上课 shàngkè/去 qù/图书馆 túshūguǎn/看 kàn/书 shū/常常 chángcháng/做 zuò/作业 zuòyè/买 mǎi/借 jiè/有时候 yǒu shíhou/杂志 zázhì

第三课

ポイント

1. 時間詞の位置
1) 我六点起床。　　　　　Wǒ liù diǎn qǐchuáng.
2) 你六点起床吗?　　　　Nǐ liù diǎn qǐchuáng ma?
3) 我不是六点起床。　　　Wǒ bú shì liù diǎn qǐchuáng.
4) 你几点起床?　　　　　Nǐ jǐ diǎn qǐchuáng?

2. 動詞述語文(動詞+目的語)
1) 我做作业。　　　　　　Wǒ zuò zuòyè.
2) 你做作业吗?　　　　　Nǐ zuò zuòyè ma?
3) 我不做作业。　　　　　Wǒ bú zuò zuòyè.
4) 你做什么?　　　　　　Nǐ zuò shénme?

3. 連動文:(一文に複数の動詞が現れる文)
1) 我去图书馆看书。　　　Wǒ qù túshūguǎn kàn shū.
2) 你去图书馆看书吗?　　Nǐ qù túshūguǎn kàn shū ma?
3) 我不去图书馆看书。　　Wǒ bú qù túshūguǎn kàn shū.
4) 你去图书馆做什么?　　Nǐ qù túshūguǎn zuò shénme?

4. 連体修飾語(定語):　動詞+"的"
1) 这是我买的书。　　　　Zhè shì wǒ mǎi de shū.
2) 这是你买的书吗?　　　Zhè shì nǐ mǎi de shū ma?
3) 这不是我买的书。　　　Zhè bú shì wǒ mǎi de shū.
4) 这是谁买的书?　　　　Zhè shì shéi mǎi de shū?

練習

CD 37

一、例語を用い、下線____を入れ換えて発音しましょう。
　　（下線____は会話が成立するよう入れ替えなさい）

1) A:你每天几点<u>起床</u>?　　Nǐ měitiān jǐ diǎn <u>qǐchuáng</u>?
　　看报 kàn bào　　　　出门 chūmén　　　　吃午饭 chī wǔfàn
　　打工 dǎgōng　　　　洗澡 xǐzǎo　　　　　睡觉 shuìjiào
　B:我每天<u>早上</u>七点起床。Wǒ měitiān <u>zǎoshang</u> qī diǎn qǐchuáng.
　　早上 zǎoshang　　　　上午 shàngwǔ　　　　中午 zhōngwǔ
　　下午 xiàwǔ　　　　　傍晚 bàngwǎn　　　　晚上 wǎnshang

2) A:你<u>吃</u>什么?　　　　Nǐ <u>chī</u> shénme?
　　吃 chī　　　　　　　喝 hē　　　　　　　买 mǎi
　　看 kàn　　　　　　　学习 xuéxí　　　　　说 shuō
　B:我吃<u>饺子</u>。　　　Wǒ chī <u>jiǎozi</u>.
　　炒饭 chǎofàn　　　　面条 miàntiáo　　　　面包 miànbāo
　　咖啡 kāfēi　　　　　红茶 hóngchá　　　　水 shuǐ
　　包子 bāozi　　　　　衣服 yīfu　　　　　　早饭 zǎofàn
　　电影 diànyǐng　　　　新闻 xīnwén　　　　 电视 diànshì
　　历史 lìshǐ　　　　　文学 wénxué　　　　 经济 jīngjì
　　汉语 Hànyǔ　　　　　日语 Rìyǔ　　　　　 英语 Yīngyǔ

3) A:你怎么去<u>学校</u>?　　Nǐ zěnme qù <u>xuéxiào</u>?
　　商店 shāngdiàn　　　朋友家 péngyou jiā　　北京 Běijīng
　B:我<u>坐电车</u>去学校。Wǒ <u>zuò diànchē</u> qù xuéxiào.
　　骑自行车 qí zìxíngchē　　骑摩托车 qí mótuōchē
　　开车 kāi chē　　　　坐公共汽车 zuò gōnggòng qìchē
　　坐飞机 zuò fēijī　　坐船 zuò chuán

4) A:你来<u>图书馆</u>做什么?　Nǐ lái <u>túshūguǎn</u> zuò shénme?
　B:我来图书馆<u>学习汉语</u>。Wǒ lái túshūguǎn <u>xuéxí Hànyǔ</u>.

二、次のピンインを簡体字に直し、日本語に訳しなさい。

1. Nǐ zǎoshang chī shénme?

2. Nǐ kàn xiǎoshuō ma?

3. Nǐ kàn shéi de xiǎoshuō?

4. Nǐ jǐ diǎn shuìjiào?

5. Nǐ chángcháng qù túshūguǎn jiè shū ma?

三、次の日本語を中国語に訳し、ピンインを付けなさい。

1. これは私が借りた本です。

2. 私は朝、ご飯を食べません。

3. 私は午前中宿題をします。

4. これは私の姉が買った雑誌です。

5. あなたは電車で学校に行きますか。

Dì sì kè　Wǒ hěn máng
第四课　我很忙

Huìhuà
会话　佐藤：Nǐ zuìjìn máng ma?
　　　　　　你 最近 忙 吗?

　　　张：Wǒ bù máng, nǐ ne?
　　　　　我 不 忙， 你 呢?

　　　佐藤：Wǒ bǐ nǐ máng.
　　　　　　我 比 你 忙。

　　　张：Nǐ wèishénme bǐ wǒ máng ne?
　　　　　你 为什么 比 我 忙 呢?

　　　佐藤：Yīnwèi wǒ jiā lí xuéxiào hěn yuǎn,
　　　　　　因为 我 家 离 学校 很 远,

　　　　　　xuéxí hěn jǐnzhāng.
　　　　　　学习 很 紧张。

　　　张：Wǒ jiā lí xuéxiào hěn jìn,
　　　　　我 家 离 学校 很 近,

　　　　　xuéxí yě bǐjiào qīngsōng.
　　　　　学习 也 比较 轻松。

Kèwén
课文　Wǒ hěn máng. Wǒ jiā lí xuéxiào hěn yuǎn,
　　　我 很 忙。 我 家 离 学校 很 远,

wǒ xuéxí hěn jǐnzhāng. Wǒ péngyou jiā lí xuéxiào
我 学习 很 紧张。 我 朋友 家 离 学校

bú tài yuǎn, xuéxí yě bǐ wǒ qīngsōng.
不 太 远, 学习 也 比 我 轻松。

Shēngcí
生词　很 hěn / 忙 máng / 最近 zuìjìn / 比 bǐ / 为什么 wèishénme
　　　/ 因为 yīnwèi / 家 jiā / 离 lí / 远 yuǎn / 紧张 jǐnzhāng / 比较 bǐjiào / 轻松 qīngsōng

第四课

ポイント

1. 形容詞述語文
1) 我很忙。　　　　　　Wǒ hěn máng.
2) 你忙吗?　　　　　　Nǐ máng ma?
3) 我不忙。　　　　　　Wǒ bù máng.
4) 你忙不忙?　　　　　Nǐ máng bu máng?

2. 比較の表現：〜より
1) 我比你忙。　　　　　Wǒ bǐ nǐ máng.
2) 你比我忙吗?　　　　Nǐ bǐ wǒ máng ma?
3) 我没有你忙。　　　　Wǒ méi yǒu nǐ máng.

3. 前置詞（介詞）"离"：〜から　　（隔たりを表す）
1) 我家离学校很远。　　Wǒ jiā lí xuéxiào hěn yuǎn.
2) 你家离学校远吗?　　Nǐ jiā lí xuéxiào yuǎn ma?
3) 我家离学校不远。　　Wǒ jiā lí xuéxiào bù yuǎn.
4) 你家离学校远不远?　Nǐ jiā lí xuéxiào yuǎn bu yuǎn?

4. 主述述語文：〜は〜が〜だ。
1) 我学习很紧张。　　　Wǒ xuéxí hěn jǐnzhāng.
2) 你学习紧张吗?　　　Nǐ xuéxí jǐnzhāng ma?
3) 我学习不紧张。　　　Wǒ xuéxí bù jǐnzhāng.
4) 你学习怎么样?　　　Nǐ xuéxí zěnmeyàng?

練習

CD 41

一、例語を用い、下線＿＿及び＿＿を入れ換えて発音しましょう。
　（下線＿＿は会話が成立するよう入れ替えなさい）

1) 今天天气热, 昨天天气冷。
　　Jīntiān tiānqì rè, zuótiān tiānqì lěng.
　　暖和 nuǎnhuo　　／　　凉快 liángkuai
　　好 hǎo　　　　　／　　不好 bù hǎo

2) 这个长, 那个短。　　Zhè ge cháng, nà ge duǎn.
　　新 xīn　　／　　旧 jiù
　　粗 cū　　 ／　　细 xì
　　贵 guì　　／　　便宜 piányi
　　多 duō　　／　　少 shǎo

3) A:他的衣服怎么样?　Tā de yīfu zěnmeyàng?
　 B:他的衣服很厚。　 Tā de yīfu hěn hòu.
　　词典 cídiǎn　　／　非常 fēicháng　／　薄 báo
　　书 shū　　　　 ／　最 zuì　　　　／　有意思 yǒu yìsi
　　小说 xiǎoshuō　／　比较 bǐjiào　　／　没意思 méi yìsi

4) 他写的字很好看。　Tā xiě de zì hěn hǎokàn.
　　好喝 hǎohē　　好听 hǎotīng　　好吃 hǎochī　　好用 hǎoyòng

5) 我比你高。我没有你矮。Wǒ bǐ nǐ gāo. Wǒ méi yǒu nǐ ǎi.
　　胖 pàng　　／　　瘦 shòu
　　大 dà　　　／　　小 xiǎo
　　轻 qīng　　／　　重 zhòng

二、次のピンインを簡体字に直し、日本語に訳しなさい。

1. Nǐ zuìjìn zěnmeyàng?

2. Jīntiān rè bu rè?

3. Nǐ jiā lí xuéxiào yuǎn ma?

4. Nǐ de shūbāo bǐ wǒ de zhòng ma?

5. Tā bǐ wǒ gāo ma?

三、次の日本語を中国語に訳し、ピンインを付けなさい。

1. 中国語はおもしろいですか。

2. 中国語の勉強はわりあい楽です。

3. 私の辞書は彼のより値段が高い。

4. 今日は昨日より少し涼しい。　　　　※ 少し：一点儿 yìdiǎnr

5. 兄は私より２歳年上です。　　　　　※ ２歳：两岁 liǎng suì

ゆっくりめ　ふつう
CD 42　CD 43

Dì wǔ kè　Nǐ yǒu cídiǎn ma?
第五课　你有词典吗?

Huìhuà
会话

佐藤：Nǐ yǒu cídiǎn ma?
　　　你有词典吗?

张：Yǒu, wǒ yǒu yì běn Zhōng-Rì cídiǎn.
　　有，我有一本中日词典。

佐藤：Nǐ de cídiǎn duōshao qián?
　　　你的词典多少钱?

张：Wǒ de cídiǎn liùshí kuài qián.
　　我的词典六十块钱。

佐藤：Zhè zhī bǐ hěn piàoliang, shì nǐ de ma?
　　　这支笔很漂亮，是你的吗?

张：Shì wǒ de.
　　是我的。

CD 44

Kèwén
课文

Wǒ yǒu yì běn Zhōng-Rì cídiǎn, wǒ de cídiǎn
我有一本中日词典，我的词典

liùshí kuài qián. Wǒ yǒu yì zhī hěn piàoliang de bǐ,
六十块钱。我有一支很漂亮的笔，

zhè zhī bǐ wǔ kuài qián.
这支笔五块钱。

Shēngcí
生词　有 yǒu ／ 本 běn ／ 多少 duōshao ／ 钱 qián ／ 块 kuài ／
　　　支(枝) zhī ／ 笔 bǐ ／ 漂亮 piàoliang

ポイント

1. "有"構文：もっている、ある、いる
1) 我有词典。　　　　　　Wǒ yǒu cídiǎn.
2) 你有词典吗?　　　　　 Nǐ yǒu cídiǎn ma?
3) 我没有词典。　　　　　Wǒ méi yǒu cídiǎn.
4) 你有没有词典?　　　　 Nǐ yǒu mei yǒu cídiǎn?

2. 助数詞（量詞）：数えることば
1) 我有两本英文词典。　　Wǒ yǒu liǎng běn Yīngwén cídiǎn.
2) 我有两支钢笔。　　　　Wǒ yǒu liǎng zhī gāngbǐ.
3) 你有几支钢笔?　　　　 Nǐ yǒu jǐ zhī gāngbǐ?

3. 金銭の単位と数字2

| 書きことば | 元 yuán | 角 jiǎo | 分 fēn |
| 話しことば | 块 kuài | 毛 máo | 分 fēn |

2002　　　两千零二　　liǎng qiān líng èr
2020　　　两千零二十　liǎng qiān líng èrshí
2200　　　两千二(百)　liǎng qiān èr(bǎi)

4. 連体修飾語(定語)：形容詞+"的"
1) 我有一件很漂亮的衣服。　　Wǒ yǒu yí jiàn hěn piàoliang de yīfu.
2) 他是好学生。　　　　　　　Tā shì hǎo xuésheng.
3) 我有很多小说。　　　　　　Wǒ yǒu hěn duō xiǎoshuō.

練習

CD 45

一、例語を用い、下線＿＿及び＿＿を入れ換えて発音しましょう。
　　（下線＿＿は会話が成立するよう入れ替えなさい）

1) A: 你有什么?　　　　　　Nǐ yǒu shénme?
　 B: 我有圆珠笔。　　　　　Wǒ yǒu yuánzhūbǐ.
　 A: 你有几支圆珠笔?　　　 Nǐ yǒu jǐ zhī yuánzhūbǐ?
　 B: 我有三支圆珠笔。　　　Wǒ yǒu sān zhī yuánzhūbǐ.

支(枝) zhī	/	黑笔 hēi bǐ	红笔 hóng bǐ	蓝笔 lán bǐ
本 běn	/	书 shū	小说 xiǎoshuō	杂志 zázhì
块 kuài	/	橡皮 xiàngpí	手表 shǒubiǎo	糖 táng
件 jiàn	/	衣服 yīfu	衬衫 chènshān	毛衣 máoyī

2) A: 你家有什么?　　　　　　Nǐ jiā yǒu shénme?
　 B: 我家有乌龙茶。　　　　　Wǒ jiā yǒu wūlóngchá.
　 A: 你家有几瓶乌龙茶?　　　 Nǐ jiā yǒu jǐ píng wūlóngchá?
　 B: 我家有一瓶乌龙茶。　　　Wǒ jiā yǒu yì píng wūlóngchá.

双 shuāng	/	鞋 xié	袜子 wàzi	筷子 kuàizi
条 tiáo	/	裙子 qúnzi	手帕 shǒupà	裤子 kùzi
台 tái	/	电视 diànshì	收音机 shōuyīnjī	电脑 diànnǎo

3) A: 这儿有多少个学生?　　　Zhèr yǒu duōshao ge xuésheng?
　 B: 这儿有三十个学生。　　　Zhèr yǒu sānshí ge xuésheng.

个 ge	/	人 rén	水果 shuǐguǒ	馒头 mántou
张 zhāng	/	邮票 yóupiào	桌子 zhuōzi	床 chuáng
把 bǎ	/	椅子 yǐzi	雨伞 yǔsǎn	剪刀 jiǎndāo

4) A: 这件衣服多少钱?　　　Zhè jiàn yīfu duōshao qián?
　 B: 这件衣服两千块钱。　　Zhè jiàn yīfu liǎng qiān kuài qián.

二、次のピンインを簡体字に直し、日本語に訳しなさい。

1. Nǐ yǒu xiōngdì jiěmèi ma?

2. Nǐ yǒu Zhōngguó péngyou ma?

3. Nǐ yǒu mei yǒu diànnǎo?

4. Nǐ de shǒubiǎo guì bu guì?

5. Zhè běn shū duōshao qián?

三、次の日本語を中国語に訳し、ピンインを付けなさい。

1. あなたの家には何台テレビがありますか。

2. 私はハンカチを持っていません。

3. このペンはあなたのですか。

4. この辞書は１２０元です。

5. このウーロン茶はおいしいですか。

Dì liù kè　Shítáng zài nǎr?
第六课　食堂在哪儿？

Huìhuà
会话

张：Nǐmen dàxué shítáng zài nǎr?
　　你们大学食堂在哪儿？

佐藤：Zài shūdiàn de lóushàng.
　　　在书店的楼上。

张：Nǐmen cháng zài shítángli chī fàn ma?
　　你们常在食堂里吃饭吗？

佐藤：Yǒu shíhou zài shítáng chī,
　　　有时候在食堂吃，

　　　yǒu shíhou dào wàimian de cāntīng chī.
　　　有时候到外面的餐厅吃。

张：Zhuōzishang de càidān shì cāntīng de ma?
　　桌子上的菜单是餐厅的吗？

佐藤：Duì, shì wàimian cāntīng de.
　　　对，是外面餐厅的。

kèwén
课文

Wǒmen dàxué shítáng zài shūdiàn de lóushàng.
我们大学食堂在书店的楼上。

Wǒmen yǒu shíhou zài shítáng chī, yǒu shíhou dào
我们有时候在食堂吃，有时候到

xuéxiào wàimian de cāntīng chī. Wǒ yǒu yì zhāng
学校外面的餐厅吃。我有一张

nà jiā cāntīng de càidān.
那家餐厅的菜单。

Shēngcí
生词

食堂 shítáng / 在 zài / 哪儿 nǎr / 大学 dàxué /
书店 shūdiàn / 楼上 lóushàng / 常 cháng / 里 li /
饭 fàn / 到 dào / 外面 wàimian / 餐厅 cāntīng /
上 shang / 菜单 càidān / 对 duì / 家 jiā

第六课

ポイント

1. 動詞 "在" : ～にある。～にいる。(所在を表す)
1) 食堂在楼上。　　　　　Shítáng zài lóushàng.
2) 食堂在楼上吗?　　　　Shítáng zài lóushàng ma?
3) 食堂不在楼上。　　　　Shítáng bú zài lóushàng.
4) 食堂在哪儿?　　　　　Shítáng zài nǎr?

2. 前置詞（介詞）"在" : ～で（～する）
1) 我们在食堂吃饭。　　　Wǒmen zài shítáng chī fàn.
2) 你们在食堂吃饭吗?　　Nǐmen zài shítáng chī fàn ma?
3) 我们不在食堂吃饭。　　Wǒmen bú zài shítáng chī fàn.
4) 你们在哪儿吃饭?　　　Nǐmen zài nǎr chī fàn?

3. 前置詞（介詞）"到" : ～へ、～まで（～しにいく）
1) 我们到外面的餐厅吃晚饭。　Wǒmen dào wàimian de cāntīng chī wǎnfàn.
2) 我到图书馆借书。　　　Wǒ dào túshūguǎn jiè shū.

4. 方位詞　"～边" bian　"～面" mian

shàngbian	qiánbian	lǐbian	zuǒbian	dōngbian	nánbian	pángbiān
上边	前边	里边	左边	东边	南边	旁边
xiàbian	hòubian	wàibian	yòubian	xībian	běibian	
下边	后边	外边	右边	西边	北边	

練習

[CD 49]

一、例語を用い、下線____を入れ換えて発音しましょう。
　　（下線____は会話が成立するよう入れ替えなさい）

1) A: 你到什么地方去?　　Nǐ dào shénme dìfang qù?
　　B: 我到<u>车站</u>去。　　　Wǒ dào <u>chēzhàn</u> qù.
　　　　宿舍 sùshè　　　　楼下 lóuxià　　　　那儿 nàr
　　　　南京 Nánjīng　　　京都 Jīngdū　　　　大阪 Dàbǎn

2) A: 你在哪儿?　　Nǐ zài nǎr?
　　B: 我在<u>操场</u>。　　Wǒ zài <u>cāochǎng</u>.
　　　　邮局 yóujú　　　　教室 jiàoshì　　　　公园 gōngyuán
　　　　楼上 lóushàng　　书店 shūdiàn　　　 饭店 fàndiàn
　　A: 你在操场做什么?　　Nǐ zài cāochǎng zuò shénme?
　　B: 我在操场<u>运动</u>。　　Wǒ zài cāochǎng <u>yùndòng</u>.

3) A: 你的<u>课本</u>在哪儿?　　Nǐ de <u>kèběn</u> zài nǎr?
　　　　报纸 bàozhǐ　　　　地图 dìtú　　　　　笔记本 bǐjìběn
　　B: 我的<u>课本</u>在<u>椅子</u>上。　Wǒ de <u>kèběn</u> zài <u>yǐzi</u>shang.
　　　　床 chuáng　　　　 墙 qiáng　　　　　书架 shūjià

4) A: 你的<u>词典</u>在哪儿?　　Nǐ de <u>cídiǎn</u> zài nǎr?
　　　　钱包 qiánbāo　　　 手表 shǒubiǎo　　 圆珠笔 yuánzhūbǐ
　　B: 我的<u>词典</u>在<u>抽屉</u>里。　Wǒ de <u>cídiǎn</u> zài <u>chōuti</u>li.
　　　　书包 shūbāo　　　 口袋 kǒudai　　　 铅笔盒 qiānbǐhé

5) <u>邮局</u>在<u>书店</u>后面。　　<u>Yóujú</u> zài <u>shūdiàn</u> hòumian.
　　　　厕所 cèsuǒ　　　　银行 yínháng　　　体育馆 tǐyùguǎn

二、次のピンインを簡体字に直し、日本語に訳しなさい。

1. Nǐ jiā zài nǎr?

2. Nǐmen xuéxiào zài nǎr?

3. Nǐ zài nǎr chī wǔfàn?

4. Shítáng de cài hǎochī ma?　　　※cài 菜：お料理、おかず

5. Nǐ yǒu shíhou chī Zhōngguó cài ma?

三、次の日本語を中国語に訳し、ピンインを付けなさい。

1. あなたのノートはどこにありますか。

2. 図書館はレストランの後ろにあります。

3. トイレは下の階にあります。

4. 財布はカバンにありますか。

5. 私は午後本屋まで本を買いに行きます。

ゆっくりめ　ふつう
CD 50　CD 51

第七课　我想去旅行
Dì qī kè　Wǒ xiǎng qù lǚxíng

会话 Huìhuà

佐藤： 我 今年 暑假 想 去 国外 旅行。
Wǒ jīnnián shǔjià xiǎng qù guówài lǚxíng.

张： 你 想 去 中国 还是 想 去 美国?
Nǐ xiǎng qù Zhōngguó háishi xiǎng qù Měiguó?

佐藤： 我 想 去 中国, 跟 我 姐姐 一起 去。
Wǒ xiǎng qù Zhōngguó, gēn wǒ jiějie yìqǐ qù.

张： 我 暑假 要 来 学校, 你 不用 来 吗?
Wǒ shǔjià yào lái xuéxiào, nǐ bú yòng lái ma?

佐藤： 我 不用 来。
Wǒ bú yòng lái.

CD 52

课文 Kèwén

今年 暑假 我 朋友 要 来 学校,
Jīnnián shǔjià wǒ péngyou yào lái xuéxiào,

我 不用 来。我 打算 暑假 去 国外 旅行,
wǒ bú yòng lái. Wǒ dǎsuan shǔjià qù guówài lǚxíng,

我 想 去 中国。 我 不 想 一个人去,
wǒ xiǎng qù Zhōngguó. Wǒ bù xiǎng yí ge rén qù,

我 想 跟 我 姐姐 一起 去。
wǒ xiǎng gēn wǒ jiějie yìqǐ qù.

生词 Shēngcí

想 xiǎng / 旅行 lǚxíng / 暑假 shǔjià / 国外 guówài /
还是 háishi / 跟 gēn / 一起 yìqǐ / 要 yào /
不用 bú yòng / 来 lái / 打算 dǎsuan

第七课

ポイント

1． 助動詞（能願動詞）"想"：～したい　　（願望を表す）
1) 我想去中国旅行。　　　　Wǒ xiǎng qù Zhōngguó lǚxíng.
2) 你想去中国旅行吗？　　　Nǐ xiǎng qù Zhōngguó lǚxíng ma?
3) 我不想去中国旅行。　　　Wǒ bù xiǎng qù Zhōngguó lǚxíng.
4) 你想去哪儿旅行？　　　　Nǐ xiǎng qù nǎr lǚxíng?

2． 選択疑問文 "还是"：～それとも～
1) 你喝红茶还是喝咖啡？　　　Nǐ hē hóngchá háishi hē kāfēi?
2) 你买杂志还是买词典？　　　Nǐ mǎi zázhì háishi mǎi cídiǎn?
3) 你想去中国还是想去美国？　Nǐ xiǎng qù Zhōngguó háishi
　　　　　　　　　　　　　　　xiǎng qù Měiguó?

3． 前置詞（介詞）"跟"：～と（対象を導く）
1) 我跟我姐姐一起去。　　　　Wǒ gēn wǒ jiějie yìqǐ qù.
2) 你跟你姐姐一起去吗？　　　Nǐ gēn nǐ jiějie yìqǐ qù ma?
3) 我不跟我姐姐一起去。　　　Wǒ bù gēn wǒ jiějie yìqǐ qù.
4) 你跟谁一起去？　　　　　　Nǐ gēn shéi yìqǐ qù?

4． 助動詞（能願動詞）"要"：是非とも～したい、～しなければ
　　　　　　　　　　　　　　ならない
1) 他要喝啤酒。　　　　　　Tā yào hē píjiǔ.
2) 我不想喝啤酒。　　　　　Wǒ bù xiǎng hē píjiǔ.
3) 他暑假要来学校。　　　　Tā shǔjià yào lái xuéxiào.
4) 我暑假不用来学校。　　　Wǒ shǔjià bú yòng lái xuéxiào.

練習

CD 53

一、例語を用い、下線＿＿及び＿＿を入れ換えて発音しましょう。
　　（下線＿＿は会話が成立するよう入れ替えなさい）

1) A: 你晚上想干什么？　　Nǐ wǎnshang xiǎng gàn shénme?
　　B: 我晚上想做作业。　　Wǒ wǎnshang xiǎng zuò zuòyè.
　　　做 zuò　　／　　工作 gōngzuò　　晚饭 wǎnfàn
　　　写 xiě　　／　　信 xìn　　　　　报告 bàogào
　　　念 niàn　 ／　　课文 kèwén　　　汉语 Hànyǔ
　　　听 tīng　 ／　　音乐 yīnyuè　　 录音 lùyīn

2) A: 我要喝啤酒。你呢？　　Wǒ yào hē píjiǔ. Nǐ ne?
　　B: 我不想喝啤酒，我要喝乌龙茶。
　　　Wǒ bù xiǎng hē píjiǔ, wǒ yào hē wūlóngchá.

　　A: 你现在要吃药吗？　　Nǐ xiànzài yào chī yào ma?
　　B: 我现在不用吃药。　　Wǒ xiànzài bú yòng chī yào.
　　　回家 huí jiā　　打工 dǎgōng　　复习生词 fùxí shēngcí

3) 你想滑雪还是想滑冰？ Nǐ xiǎng huáxuě háishi xiǎng huábīng?
　　去北京 qù Běijīng　　　／　去上海 qù Shànghǎi
　　打羽毛球 dǎ yǔmáoqiú　／　打网球 dǎ wǎngqiú
　　打乒乓球 dǎ pīngpāngqiú／　踢足球 tī zúqiú
　　弹钢琴 tán gāngqín　　 ／　弹吉他 tán jítā

4) 明天来还是后天来？　　Míngtiān lái háishi hòutiān lái?
　　吃面条 chī miàntiáo　　／　吃米饭 chī mǐfàn
　　你付钱 nǐ fù qián　　 ／　我付钱 wǒ fù qián

5) 你想跟谁一起打球？　　Nǐ xiǎng gēn shéi yìqǐ dǎ qiú?
　　打排球 dǎ páiqiú　　看电影 kàn diànyǐng　 买东西 mǎi dōngxi

二、次のピンインを簡体字に直し、日本語に訳しなさい。

1. Nǐ xiǎng qù nǎr?

2. Nǐ yào chī yào ma?

3. Nǐ yào gēn tā shuō shénme?　　　※ gēn 跟〜：〜に

4. Hánjià nǐ bú yòng huí lǎojiā ma?　　※ hánjià 寒假：冬休み
　　　　　　　　　　　　　　　　　　　※ lǎojiā 老家：実家

5. Nǐ dǎsuan xué Fǎyǔ ma?

三、次の日本語を中国語に訳し、ピンインを付けなさい。

1. あなたは誰と映画を見に行きますか。

2. あなたは誰に中国語を習いますか。

3. あなた達は文法を勉強しなくてもいいのですか。
　　　　　　　　　　　　　　　　※ 文法：语法 yǔfǎ

4. ジュースが飲みたいですか。それとも牛乳が飲みたいですか。
　　　　　　　　　　　　　　　　※ ジュース：果汁 guǒzhī

5. 今日私がご飯を作りますか。それともあなたが作りますか。

第八课　我能游一百米
Dì bā kè　Wǒ néng yóu yī bǎi mǐ

会话 Huìhuà

张：你会游泳吗?
Nǐ huì yóuyǒng ma?

佐藤：会，我能游一百米，你呢?
Huì, wǒ néng yóu yì bǎi mǐ, nǐ ne?

张：我一口气能游两千米。
Wǒ yì kǒuqì néng yóu liǎng qiān mǐ.

佐藤：你真行!下个星期我们去海边儿，你也来吧。
Nǐ zhēn xíng! Xià ge xīngqī wǒmen qù hǎibiānr, nǐ yě lái ba.

张：好啊。我还有一个好朋友，她也会游泳。
Hǎo a. Wǒ hái yǒu yí ge hǎo péngyou, tā yě huì yóuyǒng.

佐藤：她能来吗?
Tā néng lái ma?

张：我叫她，她会来的。
Wǒ jiào tā, tā huì lái de.

课文 Kèwén

下个星期我跟佐藤一起去海边儿游泳，我非常喜欢游泳，一口气能游好几千米。我还有一个好朋友，她也会游泳，我想约她一起去。我叫她，她会来的。

生词 Shēngcí

能 néng / 游 yóu / 米 mǐ / 会 huì / 游泳 yóuyǒng / 一口气 yì kǒu qì / 真 zhēn / 行 xíng / 下(个)星期 xià(ge) xīngqī / 海边儿 hǎibiānr / 吧 ba / 好 hǎo / 啊 a / 叫 jiào / 喜欢 xǐhuan / 好几 hǎojǐ / 约 yuē / 的 de

第八课

ポイント

1．助動詞（能願動詞）"会" 1 :（会得して）〜できる
1) 我会游泳。　　　　　　Wǒ huì yóuyǒng.
2) 你会游泳吗?　　　　　 Nǐ huì yóuyǒng ma?
3) 我不会游泳。　　　　　Wǒ bú huì yóuyǒng.
4) 你会不会游泳?　　　　 Nǐ huì bu huì yóuyǒng?

2．助動詞（能願動詞）"能" 1 :（能力があり）〜できる
1) 我能游两千米。　　　　Wǒ néng yóu liǎng qiān mǐ.
2) 你能游两千米吗?　　　 Nǐ néng yóu liǎng qiān mǐ ma?
3) 我不能游两千米。　　　Wǒ bù néng yóu liǎng qiān mǐ.
4) 你能游多少米?　　　　 Nǐ néng yóu duōshao mǐ?

3．語気助詞 "吧" :（勧誘、推量、了承を表す）
1) 咱们走吧。　　　　　　Zánmen zǒu ba.
2) 你是中国人吧?　　　　 Nǐ shì Zhōngguórén ba?
3) 好吧。喝咖啡吧。　　　Hǎo ba. Hē kāfēi ba.

4．助動詞（能願動詞）"会" 2 :〜だろう（可能性を表す）、
　　　　　　　　　　　 "能" 2 :（可能を表す）
1) 明天会下雨。　　　　　Míngtiān huì xià yǔ.
2) 战争不会发生。　　　　Zhànzhēng bú huì fāshēng.
3) 李大夫今天能来吗?　　 Lǐ dàifu jīntiān néng lái ma?
4) 李大夫今天不能来。　　Lǐ dàifu jīntiān bù néng lái.

練習

CD 57

一、例語を用い、下線____を入れ換えて発音しましょう。
　　（下線____は会話が成立するよう入れ替えなさい）

1) A: 你会打篮球吗?　　　Nǐ huì dǎ lánqiú ma?
　　　开车 kāi chē　　　拉小提琴 lā xiǎotíqín　　抽烟 chōu yān

　 B: 我不会打篮球。　　Wǒ bú huì dǎ lánqiú.
　　　我会打棒球。　　　Wǒ huì dǎ bàngqiú.
　　　骑摩托车 qí mótuōchē　　拉二胡 lā èrhú　　喝酒 hē jiǔ

2) A: 你会说外语吗?　　　Nǐ huì shuō wàiyǔ ma?
　 B: 我会说外语。　　　Wǒ huì shuō wàiyǔ.
　　　做菜 zuò cài
　　　游泳 yóuyǒng
　　　弹吉他 tán jítā

　 A: 你能说什么外语?　　Nǐ néng shuō shénme wàiyǔ?
　　　做几种菜 zuò jǐ zhǒng cài
　　　游几个小时 yóu jǐ ge xiǎoshí
　　　弹什么曲子 tán shénme qǔzi

　 B: 我能说汉语。　　　Wǒ néng shuō Hànyǔ.

3) 我们去喝茶吧。　　　Wǒmen qù hē chá ba.
　　去玩儿 qù wánr　　学习语法 xuéxí yǔfǎ　　走 zǒu

4) 他是日本人吧?　　　Tā shì Rìběnrén ba?
　　会说汉语 huì shuō Hànyǔ　　不是老师 bú shì lǎoshī
　　不会来 bú huì lái　　　　　能来学校 néng lái xuéxiào

第八课

二、次のピンインを簡体字に直し、日本語に訳しなさい。

1. Tā shì xuésheng ba?

2. Nǐ huì bu huì shuō Hànyǔ?

3. Lǎoshī míngtiān huì lái xuéxiào ma?

4. Nǐ xiànzài néng huí jiā ma?

5. Nǐ néng yóu èr bǎi mǐ ma?

三、次の日本語を中国語に訳し、ピンインを付けなさい。

1. あなたが彼を呼べば、彼はきっと来ます。

2. 今日買い物に行けますか。

3. 彼は今日お酒を飲むので車を運転できません。

4. 彼は一気に三十個のギョーザを食べることができます。

5. ご飯を食べに行きましょう。

Dì jiǔ kè　Nǐmen zài shuō shénme?
第九课　你们在说什么?

Huìhuà
会话

张：Nǐmen zài shuō shénme ne?
你们在说什么呢?

佐藤：Shuō nǐ yóuyǒng yóu de zhēn hǎo.
说你游泳游得真好。

张：Nǐ Hànyǔ yě shuō de hěn hǎo a!
你汉语也说得很好啊!

佐藤：Nǎli nǎli! Wǒ kěyǐ gēn nǐ xué yóuyǒng ma?
哪里哪里!我可以跟你学游泳吗?

张：Dāngrán kěyǐ, lái ba, wǒ xiànzài jiù jiāo nǐ.
当然可以,来吧,我现在就教你。

Kèwén
课文

今天天气很好,我们玩儿得很开心。小张游泳游得非常棒。他夸我汉语说得越来越好,我真高兴。我想跟他学游泳,他说可以,答应马上教我。

Shēngcí
生词

在 zài / 得 de / 哪里 nǎli / 可以 kěyǐ / 跟 gēn / 学 xué / 当然 dāngrán / 就 jiù / 教 jiāo / 天气 tiānqì / 玩儿 wánr / 开心 kāixīn / 棒 bàng / 夸 kuā / 越来越 yuè lái yuè / 高兴 gāoxìng / 答应 dāying / 马上 mǎshàng

第九课

ポイント

1. 副詞 "在"：〜しているところ。（進行を表す）
   1) 我们在学习中文。　　　　Wǒmen zài xuéxí Zhōngwén.
   2) 你们在学习中文吗？　　　Nǐmen zài xuéxí Zhōngwén ma?
   3) 我们没(在)学习中文。　　Wǒmen méi(zài) xuéxí Zhōngwén.
   4) 你们在学习什么？　　　　Nǐmen zài xuéxí shénme?

2. 様態補語 "得"：〜するようすが〜
   1) 你说汉语说得很好。　　　Nǐ shuō Hànyǔ shuō de hěn hǎo.
   2) 我说汉语说得好吗？　　　Wǒ shuō Hànyǔ shuō de hǎo ma?
   3) 你说汉语说得不好。　　　Nǐ shuō Hànyǔ shuō de bù hǎo.
   4) 我说汉语说得怎么样？　　Wǒ shuō Hànyǔ shuō de zěnmeyàng?

3. 助動詞（能願動詞）"可以"：〜してよい。（許可を表す）
   1) 你可以跟我学游泳。　　　Nǐ kěyǐ gēn wǒ xué yóuyǒng.
   2) 我可以跟你学游泳吗？　　Wǒ kěyǐ gēn nǐ xué yóuyǒng ma?
   3) 你不能跟我学游泳。　　　Nǐ bù néng gēn wǒ xué yóuyǒng.
   4) 我可不可以跟你学游泳？　Wǒ kě bu kěyǐ gēn nǐ xué yóuyǒng?

4. "越来越〜"：ますます〜 / "越〜越…"：〜すればするほど…
   1) 他汉语说得越来越好。　　Tā Hànyǔ shuō de yuè lái yuè hǎo.
   2) 我汉语说得越来越好吧？　Wǒ Hànyǔ shuō de yuè lái yuè hǎo ba?
   3) 汉语我越学越喜欢。　　　Hànyǔ wǒ yuè xué yuè xǐhuan.
   4) 他越说,我越不高兴。　　Tā yuè shuō, wǒ yuè bù gāoxìng.

練習

CD 61

一、例語を用い、下線＿＿を入れ換えて発音しましょう。
　　（下線＿＿は会話が成立するよう入れ替えなさい）

1) A: 他在哪里?　　Tā zài nǎli?
　 B: 他在家。　　Tā zài jiā.
　　　体育馆 tǐyùguǎn　　食堂 shítáng　　车站附近 chēzhàn fùjìn
　 A: 他在家做什么?　　Tā zài jiā zuò shénme?
　 B: 他在家做作业。　　Tā zài jiā zuò zuòyè.
　　　打球 dǎ qiú　　　吃饭 chī fàn　　买东西 mǎi dōngxi

2) A: 他在干什么?　　　　Tā zài gàn shénme?
　 B: 他在跑步。　　　　Tā zài pǎobù.
　　　写报告 xiě bàogào　　弹吉他 tán jítā
　 A: 他跑得怎么样?　　Tā pǎo de zěnmeyàng?
　 B: 他跑得很快。　　　Tā pǎo de hěn kuài.
　　　写 xiě　　　/　　　很慢 hěn màn
　　　弹 tán　　　/　　　非常好听 fēicháng hǎotīng

3) A: 他会做什么?　　　　Tā huì zuò shénme?
　 B: 他会说汉语。　　　Tā huì shuō Hànyǔ.
　　　做菜 zuò cài　　　　唱歌 chàng gē　　　　游泳 yóuyǒng
　 A: 他说汉语说得怎么样?　Tā shuō Hànyǔ shuō de zěnmeyàng?
　 B: 他说汉语说得还可以。　Tā shuō Hànyǔ shuō de hái kěyǐ.
　　　很好吃 hěn hǎochī　　不太好 bú tài hǎo　　不好 bù hǎo

4) 这儿可以抽烟吗?　　Zhèr kěyǐ chōu yān ma?
　　　跳舞 tiàowǔ　　　　吃东西 chī dōngxi　　喝酒 hē jiǔ

5) 他可以回家吗?　　Tā kěyǐ huí jiā ma?
　　　开车 kāi chē　　　喝酒 hē jiǔ　　　　睡觉 shuìjiào

第九课

二、次のピンインを簡体字に直し、日本語に訳しなさい。

1. Tā zài huà huàr ma?　　　※ huà huàr 画画儿 : 絵を描く

2. Tā yuè shuō yuè kuài.　　　※ kuài 快 : 速い

3. Rén yuè duō yuè hǎo.

4. Tā zài gàn shénme?

5. Tā zuò fàn zuò de zěnmeyàng?

三、次の日本語を中国語に訳し、ピンインを付けなさい。

1. 日曜日は家で何をしますか。

2. 彼の中国語はどうですか。

3. 今日あなたの家に行ってもいいですか。

4. ここは写真を撮ってもいいですか。 ※ 写真を撮る : 照相 zhàoxiàng

5. 彼の歌はだんだん上手になっている。

第十课　我病了
Dì shí kè　Wǒ bìng le

会话 Huìhuà

佐藤： 你怎么了？不舒服吗？
Nǐ zěnme le? Bù shūfu ma?

张： 我感冒了，明天不能去上课了。
Wǒ gǎnmào le, míngtiān bù néng qù shàngkè le.

佐藤： 你又病了，吃药了吗？
Nǐ yòu bìng le, chī yào le ma?

张： 我已经吃了三次了，一点儿效果也没有。
Wǒ yǐjing chīle sān cì le, yìdiǎnr xiàoguǒ yě méi yǒu.

佐藤： 现在太晚了，医院已经下班了，明天再去吧。
Xiànzài tài wǎn le, yīyuàn yǐjing xiàbān le, míngtiān zài qù ba.

张： 谢谢你，明天我一定去。
Xièxie nǐ, míngtiān wǒ yídìng qù.

课文 kèwén

我感冒了，明天不能去上课了。我已经吃了三次药了，可是还没好。现在时间太晚了，医院已经下班了，我只好明天再去了。

生词 Shēngcí

病 bìng ／ 了 le ／ 怎么 zěnme ／ 舒服 shūfu ／ 感冒 gǎnmào ／ 又 yòu ／ 已经 yǐjing ／ 次 cì ／ 一点儿 yìdiǎnr ／ 效果 xiàoguǒ ／ 太～(了) tài～(le) ／ 晚 wǎn ／ 医院 yīyuàn ／ 下班 xiàbān ／ 再 zài ／ 谢谢 xièxie ／ 一定 yídìng ／ 可是 kěshì ／ 时间 shíjiān ／ 只好 zhǐhǎo

ポイント

1. 語気助詞"了":(新しい事態の発生や変化を表す)
1) 我的病好了。　　　　　　Wǒ de bìng hǎo le.
2) 你的病好了吗?　　　　　 Nǐ de bìng hǎo le ma?
3) 我的病没(有)好。　　　　Wǒ de bìng méi (yǒu) hǎo.
4) 你的病好了没有?　　　　Nǐ de bìng hǎo le méi yǒu?

2. 副詞"再""又":また～
1) 请你再说一遍。　　　　　Qǐng nǐ zài shuō yí biàn.
2) 我想再看一遍。　　　　　Wǒ xiǎng zài kàn yí biàn.
3) 你明天再来吧。再见!　　Nǐ míngtiān zài lái ba. Zàijiàn!
4) 他昨天又来找你了。　　　Tā zuótiān yòu lái zhǎo nǐ le.

3. アスペクト助詞(動態助詞)"了":(動作の完了、実現を表す)
1) 我买了一本英文杂志。　　Wǒ mǎile yì běn Yīngwén zázhì.
2) 他吃了三碗饭。　　　　　Tā chīle sān wǎn fàn.
3) 我们做了很多练习。　　　Wǒmen zuòle hěn duō liànxí.

4. "一点儿(～)也/都":少しも～
1) 他一点儿也不说。　　　　Tā yìdiǎnr yě bù shuō.
2) 我一点儿都不明白。　　　Wǒ yìdiǎnr dōu bù míngbai.
3) 他一点儿饭也不吃。　　　Tā yìdiǎnr fàn yě bù chī.
4) 这本书一点儿意思也没有。

　　　　　　　　　　　　　Zhè běn shū yìdiǎnr yìsi yě méi yǒu.

練習

CD 65

一、例語を用い、下線＿＿及び＿＿を入れ換えて発音しましょう。
　　（下線＿＿は会話が成立するよう入れ替えなさい）

1) A: 他来了吗？　　　　　　Tā lái le ma?
　 B: 他没来。他同学来了。　Tā méi lái. Tā tóngxué lái le.
　　　到 dào　　　走 zǒu　　　去玩儿 qù wánr　　睡 shuì

2) A: 你吃了几碗饭？　　　　Nǐ chīle jǐ wǎn fàn?
　　　喝 hē　　　　／　　　几杯茶 jǐ bēi chá
　　　学 xué　　　 ／　　　几年汉语 jǐ nián Hànyǔ
　　　买 mǎi　　　 ／　　　哪支笔 nǎ zhī bǐ
　　　带 dài　　　 ／　　　哪本书 nǎ běn shū
　 B: 我吃了两碗饭。　　　　Wǒ chīle liǎng wǎn fàn.

3) 我吃了饭去学校。　　　　　Wǒ chīle fàn qù xuéxiào.
　　做作业 zuò zuòyè　　预习课文 yùxí kèwén　　刷牙 shuāyá

4) 你今天吃早饭了吗？　　　　Nǐ jīntiān chī zǎofàn le ma?
　　洗脸 xǐliǎn　　　　　去图书馆 qù túshūguǎn
　　买午饭 mǎi wǔfàn　　　去打球 qù dǎ qiú

5) 有点儿累了，快回家吧。　　Yǒudiǎnr lèi le, kuài huí jiā ba.
　　困 kùn　　　／　　睡觉 shuìjiào
　　饿 è　　　　／　　去吃饭 qù chīfàn
　　冷 lěng　　　／　　进教室 jìn jiàoshì

6) 我不去打工了。　　　　　　Wǒ bú qù dǎgōng le.
　　买东西 mǎi dōngxi　　看电视 kàn diànshì　　吃 chī　　喝 hē

二、次のピンインを簡体字に直し、日本語に訳しなさい。

1. Tā zuótiān yòu lái zhǎo nǐ le.　　　※ zhǎo 找:訪ねる、探す

2. Nǐ chī yào le ma?

3. Nǐ jīntiān hēle jǐ bēi chá?

4. Xiànzài jǐ diǎn le?

5. Nǐ píngcháng chīle fàn, hē shénme?　　※ píngcháng 平常:普段

三、次の日本語を中国語に訳し、ピンインを付けなさい。

1. どうしたの？また病気？

2. あしたまた話しましょう。

3. 私たちはもう高校生ではありません。
　　　　　　　　　　　※ 高校生:高中生 gāozhōngshēng

4. 昨日私は服を買っていません。

5. 昨日は寒かった。

第十一课 我送他一本汉语课本吧
Dì shíyī kè　Wǒ sòng tā yī běn Hànyǔ kèběn ba

会话　huìhuà

佐藤：昨天 铃木 给 我 打 电话 了。
　　　Zuótiān Língmù gěi wǒ dǎ diànhuà le.

李：他 说 什么 了？
　　Tā shuō shénme le?

佐藤：他 决定 从 这个月 开始 学习 汉语。
　　　Tā juédìng cóng zhè ge yuè kāishǐ xuéxí Hànyǔ.

李：真 的 吗？那 我 送 他 一 本 汉语 课本 吧。
　　Zhēn de ma? Nà wǒ sòng tā yì běn Hànyǔ kèběn ba.

佐藤：太 好 了。他 肯定 高兴。
　　　Tài hǎo le. Tā kěndìng gāoxìng.

李：没 什么，我 有 两 本 课本。
　　Méi shénme, wǒ yǒu liǎng běn kèběn.

课文　kèwén

铃木打电话告诉我，他决定从这个月开始学习汉语。我朋友愿意送给他一本中文课本，他一定非常高兴。我想他能学得很好，而且我也可以给他当老师。

生词　Shēngcí

送 sòng / 给 gěi / 打 dǎ / 电话 diànhuà / 决定 juédìng / 从 cóng / 开始 kāishǐ / 那 nà / 一定 yídìng / 肯定 kěndìng / 没什么 méi shénme / 告诉 gàosu / 愿意 yuànyì / 而且 érqiě / 当 dāng

第十一课

ポイント

1．前置詞（介詞）"给"：～に
1) 铃木给我打电话了。　　Língmù gěi wǒ dǎ diànhuà le.
2) 铃木给你打电话了吗？　Língmù gěi nǐ dǎ diànhuà le ma?
3) 铃木没给我打电话。　　Língmù méi gěi wǒ dǎ diànhuà.
4) 铃木给谁打电话了？　　Língmù gěi shéi dǎ diànhuà le?

2．前置詞（介詞）"从"：～から　　（起点を表す）
1) 你从你家去吗？　　Nǐ cóng nǐ jiā qù ma?
2) 你从哪儿来？　　　Nǐ cóng nǎr lái?
3) 从几点开始上课？　Cóng jǐ diǎn kāishǐ shàngkè?

3．二重目的語文
1) 李老师教我们汉语。　　　Lǐ lǎoshī jiāo wǒmen Hànyǔ.
2) 李老师问我们几个问题。　Lǐ lǎoshī wèn wǒmen jǐ ge wèntí.
3) 我还你钱。　　　　　　　Wǒ huán nǐ qián.

4．（授与の意味をもつ）動詞＋"给"：～に
1) 我朋友送给他一本中文课本。　Wǒ péngyou sònggěi tā yì běn Zhōngwén kèběn.
2) 小王交给她一封信。　Xiǎo Wáng jiāogěi tā yì fēng xìn.
3) 老张递给我一本日中词典。　Lǎo Zhāng dìgěi wǒ yì běn Rì-Zhōng cídiǎn.

練習

[CD 69]

一、例語を用い、下線＿＿＿を入れ換えて発音しましょう。
　　（下線＿＿＿は会話が成立するよう入れ替えなさい）

1) A:你送我什么?　　　　　Nǐ sòng wǒ shénme?
　 B:我送你<u>一盒巧克力</u>。　Wǒ sòng nǐ <u>yì hé qiǎokèlì</u>.

2) 谁教你<u>汉语</u>?　　　　　Shéi jiāo nǐ <u>Hànyǔ</u>?
　　滑冰 huábīng　　游泳 yóuyǒng　　西班牙语 Xībānyáyǔ

3) 我<u>送给</u>他<u>这本词典</u>。　Wǒ <u>sònggěi</u> tā <u>zhè běn cídiǎn</u>.
　　借给 jiègěi　　　／　　　我的雨伞 wǒ de yǔsǎn
　　寄给 jìgěi　　　　／　　　一封信 yì fēng xìn
　　交给 jiāogěi　　　／　　　报告 bàogào

4) A:你从哪儿<u>来学校</u>?　　Nǐ cóng nǎr <u>lái xuéxiào</u>?
　　去打工 qù dǎgōng　　　　出发 chūfā
　 B:我从<u>我家</u>来学校。　　Wǒ cóng <u>wǒ jiā</u> lái xuéxiào.
　　同学家 tóngxué jiā　　　　他家 tā jiā

5) 我从<u>四月</u>开始<u>学汉语</u>。　Wǒ cóng <u>sì yuè</u> kāishǐ <u>xué Hànyǔ</u>.
　　今年 jīnnián　　　／　　　学法语 xué Fǎyǔ
　　十岁 shí suì　　　／　　　学英语 xué Yīngyǔ
　　五月 wǔ yuè　　　／　　　打工 dǎgōng
　　九点 jiǔ diǎn　　　／　　　看电视 kàn diànshì

二、次のピンインを簡体字に直し、日本語に訳しなさい。

1. Nǐ wèn tā shénme?

2. Nǐ cóng jǐ yuè kāishǐ xué kāi chē?

3. Tā sònggěi nǐ jǐ jiàn lǐwù?　　　※ lǐwù 礼物：プレゼント

4. Nǐ míngtiān cóng nǎr huí jiā?

5. Nǐ gěi shéi xiě xìn?

三、次の日本語を中国語に訳し、ピンインを付けなさい。

1. ボールペンを返してください。

2. 彼はあなたに電話をします。

3. 私は学校からあなたの家に行きます。

4. あなたにドイツ語を教えましょう。　　※ ドイツ語：德语 Déyǔ

5. 彼に自転車を貸してあげなさいよ。

第十二课　我去过一次
Dì shí'èr kè　Wǒ qùguo yí cì

会话 Huìhuà

佐藤：你去过香港吗？
　　　Nǐ qùguo Xiānggǎng ma?

李：去过一次，待了三天。
　　Qùguo yí cì, dāile sān tiān.

佐藤：我没去过香港。香港什么地方好玩儿？
　　　Wǒ méi qùguo Xiānggǎng. Xiānggǎng shénme dìfang hǎowánr?

李：下次再说吧，该睡觉了。
　　Xiàcì zài shuō ba, gāi shuìjiào le.
　　你洗过澡了吗？
　　Nǐ xǐguo zǎo le ma?

佐藤：还没洗，你先洗吗？
　　　Hái méi xǐ, nǐ xiān xǐ ma?

李：不，还是你先洗吧。
　　Bù, háishi nǐ xiān xǐ ba.

课文 kèwén

我没去过香港，我朋友去过，在那儿待了三天。我很想知道香港什么地方好玩儿，我问朋友，但是她不告诉我。她说该睡觉了，我还没洗澡，我应该先去洗澡。

生词 Shēngcí

过 guo ／ 次 cì ／ 香港 Xiānggǎng ／ 待 dāi ／ 天 tiān ／ 地方 dìfang ／ 好玩儿 hǎowánr ／ 下次 xiàcì ／ 该 gāi ／ 洗澡 xǐzǎo ／ 还 hái ／ 先 xiān ／ 还是 háishi ／ 知道 zhīdao ／ 但是 dànshì ／ 应该 yīnggāi

第十二课

ポイント

1．動詞＋"过"：～したことがある。（過去の経験を表す）
1) 我去过香港。　　　　　Wǒ qùguo Xiānggǎng.
2) 你去过香港吗?　　　　Nǐ qùguo Xiānggǎng ma?
3) 我没去过香港。　　　　Wǒ méi qùguo Xiānggǎng.
4) 你去过香港没有?　　　Nǐ qùguo Xiānggǎng méi yǒu?

2．動量補語：動詞の後ろに置き、動作の行われる回数を表す。
1) 我去过一次中国。　　　Wǒ qùguo yí cì Zhōngguó.
2) 这个电影我看过好几次。　　Zhè ge diànyǐng wǒ kànguo hǎo jǐ cì.
3) 我见过他一次。　　　　Wǒ jiànguo tā yí cì.

3．時量補語：動詞の後ろに置き、動作を行う時間の長さを表す。
1) 我在香港待了两天。　　Wǒ zài Xiānggǎng dāile liǎng tiān.
2) 我学了两年汉语。　　　Wǒ xuéle liǎng nián Hànyǔ.
3) 我看电视看了两个小时。　　Wǒ kàn diànshì kànle liǎng ge xiǎoshí.

4．"该～了"：そろそろ～だ、～しなくては。
1) 七点了，该起床了。　　Qī diǎn le, gāi qǐchuáng le.
2) 已经九点了,该上课了。　　Yǐjing jiǔ diǎn le, gāi shàngkè le.
3) 天黑了,该回家了。　　Tiān hēi le, gāi huí jiā le.

練習

CD 73

一、例語を用い、下線＿＿及び＿＿を入れ換えて発音しましょう。
（下線＿＿は会話が成立するよう入れ替えなさい）

1) A: 你<u>去</u>过<u>中国</u>吗?　　　Nǐ qùguo Zhōngguó ma?
　　　打 dǎ　　　　/　　网球 wǎngqiú
　　　看 kàn　　　 /　　印度电影 Yìndù diànyǐng
　　　喝 hē　　　　/　　茉莉花茶 mòli huāchá
　 B: 我没去过中国，我去过英国。
　　　Wǒ méi qùguo Zhōngguó, wǒ qùguo Yīngguó.

2) A: 你<u>洗</u>过<u>澡</u>了吗?　　　Nǐ xǐguo zǎo le ma?
　 B: 他洗过澡了，我还没洗。Tā xǐguo zǎo le, wǒ hái méi xǐ.
　　　吃 chī　　　/　　饭 fàn
　　　洗 xǐ　　　 /　　手 shǒu
　　　去 qù　　　 /　　医院 yīyuàn

3) 你昨天<u>睡</u>了几个小时?　　Nǐ zuótiān shuì le jǐ ge xiǎoshí?
　　学习 xuéxí　　游 yóu　　跑 pǎo　　唱 chàng

4) 你每天<u>看</u>几个小时<u>书</u>?　Nǐ měitiān kàn jǐ ge xiǎoshí shū?
　　听 tīng　　　/　　音乐 yīnyuè
　　打 dǎ　　　 /　　电脑 diànnǎo
　　做 zuò　　　/　　运动 yùndòng

5) 你<u>一个星期</u><u>打</u>几次<u>工</u>?　Nǐ yí ge xīngqī dǎ jǐ cì gōng?
　　一天 yì tiān　　　/　　喝 hē　　　/　　咖啡 kāfēi
　　一年 yì nián　　 /　　坐 zuò　　 /　　飞机 fēijī
　　一个月 yí ge yuè /　　看 kàn　　 /　　电影 diànyǐng

6) 他三天没<u>看电视</u>。　　Tā sān tiān méi kàn diànshì.
　　说话 shuō huà　　买东西 mǎi dōngxi　　回家 huí jiā

二、次のピンインを簡体字に直し、日本語に訳しなさい。

1. Nǐ hēguo shénme chá?

2. Nǐ chīguo fàn le ma?

3. Nǐ zuótiān shuìle jǐ ge xiǎoshí?

4. Nǐ yì tiān néng kàn jǐ chǎng diànyǐng?
　　　　　　　※ chǎng 场:(娯楽など)～回

5. Nǐ jǐ tiān méi xiūxi?
　　　　　　　※ xiūxi 休息:休む

三、次の日本語を中国語に訳し、ピンインを付けなさい。

1. 外国に何度行ったことがありますか。

2. 私は中国に行ったことがありません。

3. 彼はまだお風呂に入っていない。

4. 私は三日間外出していません。

5. 昨日二時間勉強しました。

第十三课　我还没看完
Dì shísān kè　　Wǒ hái méi kànwán

会话 Huìhuà

佐藤：我送给你的小说看完了吗?
Wǒ sònggěi nǐ de xiǎoshuō kànwán le ma?

张：我还没看完。只看到一半。
Wǒ hái méi kànwán. Zhǐ kàndào yíbàn.

佐藤：你都看得懂吗?
Nǐ dōu kàn de dǒng ma?

张：有的地方看得懂,
Yǒude dìfang kàn de dǒng,

有的地方看不懂。
yǒude dìfang kàn bu dǒng.

佐藤：那本书现在在这儿吗?
Nà běn shū xiànzài zài zhèr ma?

我教你吧。
Wǒ jiāo nǐ ba.

张：放在家里了,你等一下,我去拿。
Fàngzài jiāli le, nǐ děng yíxià, wǒ qù ná.

课文 kèwén

　　佐藤送我的日文小说,写得太难了,我有的地方看得懂,有的地方看不懂。现在只看到一半。她愿意教我。不过那本书现在不在这儿,在我家里。

生词 Shēngcí

还 hái / 完 wán / 只 zhǐ / 到 dào / 一半 yíbàn / 得 de / 懂 dǒng / 有的 yǒude / 放 fàng / 等 děng / 一下 yíxià / 拿 ná / 难 nán / 不过 búguò

第十三课

ポイント

1．結果補語
1) 那本书我看完了。　　Nà běn shū wǒ kànwán le.
2) 那本书你看完了吗?　Nà běn shū nǐ kànwán le ma?
3) 那本书我没看完。　　Nà běn shū wǒ méi kànwán.
4) 那本书你看完了没有?　Nà běn shū nǐ kànwán le méi yǒu?

2．可能補語1：～できる/～できない
1) 中文书我看得懂。　　Zhōngwén shū wǒ kàn de dǒng.
2) 中文书你看得懂吗?　Zhōngwén shū nǐ kàn de dǒng ma?
3) 中文书我看不懂。　　Zhōngwén shū wǒ kàn bu dǒng.
4) 中文书你看得懂看不懂?　Zhōngwén shū nǐ kàn de dǒng kàn bu dǒng?

3．動詞＋"在"：～に（～する）
1) 你住在哪儿?　　Nǐ zhùzài nǎr?
2) 图章盖在哪里?　Túzhāng gàizài nǎli?
3) 衣服挂在什么地方?　Yīfu guàzài shénme dìfang?

4．逆接を表す接続詞：しかし、けれども
1) 我喜欢汉语,不过说得不好。　Wǒ xǐhuan Hànyǔ, búguò shuō de bù hǎo.
2) 今天是晴天,可是风很大。　Jīntiān shì qíngtiān, kěshì fēng hěn dà.
3) 大家都来了,但是他一个人还没来。
　　Dàjiā dōu lái le, dànshì tā yí ge rén hái méi lái.

練習

[CD 77]

一、例語を用い、下線____及び____を入れ換えて発音しましょう。
　　（下線____は会話が成立するよう入れ替えなさい）

1) A: 这本小说看完了吗?　Zhè běn xiǎoshuō kànwán le ma?
　 B: 这本小说没看完, 那本小说看完了。
　　　Zhè běn xiǎoshuō méi kànwán, nà běn xiǎoshuō kànwán le.
　　　衣服 yīfu　　　　/　洗好 xǐhǎo　　/　盘子 pánzi
　　　饺子 jiǎozi　　　 /　吃完 chīwán　　/　炒饭 chǎofàn
　　　他的话 tā de huà　/　听见 tīngjiàn　/　你的话 nǐ de huà
　　　钱包 qiánbāo　　　/　找到 zhǎodào　 /　书包 shūbāo

2) A: 我说的汉语, 你听得懂 听不懂?
　　　Wǒ shuō de Hànyǔ, nǐ tīng de dǒng tīng bu dǒng?
　　　那本书 nà běn shū　　　　　/　买 mǎi　/　到 dào
　　　那杯茶 nà bēi chá　　　　　/　喝 hē　 /　完 wán
　　　他写的日语 tā xiě de Rìyǔ　/　看 kàn　/　懂 dǒng
　 B: 你说的汉语, 我听得懂, Nǐ shuō de Hànyǔ , wǒ tīng de dǒng,
　　　他说的汉语, 我听不懂。tā shuō de Hànyǔ , wǒ tīng bu dǒng.
　　　这本书 zhè běn shū
　　　这瓶茶 zhè píng chá
　　　他写的汉语 tā xiě de Hànyǔ

3) A: 你的书包放在哪儿了? Nǐ de shūbāo fàngzài nǎr le?
　　　你同学 nǐ tóngxué　　　　　/　坐 zuò
　　　名字 míngzi　　　　　　　　/　写 xiě
　　　自行车 zìxíngchē　　　　　 /　停 tíng
　 B: 我的书包放在椅子上了。 Wǒ de shūbāo fàngzài yǐzishang le.

二、次のピンインを簡体字に直し、日本語に訳しなさい。

1. Yīfu xǐ gānjìngle méi yǒu?　※ gānjìng 干净:清潔できれい

2. Wǒ de Yīngyǔ, nǐ tīng bu dǒng ma?

3. Shū fàngzài zhuōzishang ma?

4. Zuòyè tài duō, nǐ zuò de wán ma?

5. Hànyǔ nǐmen xuédào nǎr le?

三、次の日本語を中国語に訳し、ピンインを付けなさい。

1. 夕飯の用意ができました。※ V+好 hǎo : 〜終える、きちんと〜する
（首尾よく目的を達成することを表す）

2. 一人で食べ切れますか。

3. 彼はどこに座りましたか。

4. 朝雨が降っていましたが、今は止みました。※ 止む : 停 tíng

5. 私は彼の中国語を聞いて理解できません。

第十四课　她跑出去了
Dì shísì kè　Tā pǎo chūqù le

Huìhuà 会话

李：你找谁?
Nǐ zhǎo shéi?

张：我找佐藤，我是她同学。
Wǒ zhǎo Zuǒténg, wǒ shì tā tóngxué.

李：她出去了。
Tā chūqu le.

张：她去体育馆了吗?
Tā qù tǐyùguǎn le ma?

李：我不太清楚。外面下起雨来，
Wǒ bú tài qīngchu. Wàimian xià qǐ yǔ lái,
她就急急忙忙地跑出去了。
tā jiù jíjímángmángde pǎo chūqù le.

张：两点以前她回得来吗?
Liǎng diǎn yǐqián tā huí de lái ma?

李：这我就不知道了。
Zhè wǒ jiù bù zhīdao le.

kèwén 课文

　　下午两点有课外活动，我去通知佐藤参加，可是她不在。听说她有急事，冒雨跑出去了。我非常担心，不知道她两点以前回得来回不来，她的同屋也不太清楚。

Shēngcí 生词

出去 chūqu / 找 zhǎo / 清楚 qīngchu / 下雨 xià yǔ / 起来 qǐlai / 急忙 jímáng / 地 de / 以前 yǐqián / 回来 huílai / 课外活动 kèwài huódòng / 通知 tōngzhī / 参加 cānjiā / 听说 tīngshuō / 急事 jíshì / 冒雨 màoyǔ / 担心 dānxīn / 同屋 tóngwū / 不太 bú tài

ポイント

1．方向補語1：動作の方向を示す。

	shàng 上	xià 下	jìn 进	chū 出	huí 回	guò 过	qǐ 起
lái 来	shànglai 上来	xiàlai 下来	jìnlai 进来	chūlai 出来	huílai 回来	guòlai 过来	qǐlai 起来
qù 去	shàngqu 上去	xiàqu 下去	jìnqu 进去	chūqu 出去	huíqu 回去	guòqu 过去	

2．方向補語2
1) 老王出去了。　　　　　Lǎo Wáng chūqu le.
2) 我爸爸回日本来了。　　Wǒ bàba huí Rìběn lái le.
3) 小张跑进屋里来了。　　Xiǎo Zhāng pǎo jìn wūli lái le.

3．可能補語2：〜できる/〜できない
1) 两点以前他回得来。　　　Liǎng diǎn yǐqián tā huí de lái.
2) 两点以前他回得来吗? 　　Liǎng diǎn yǐqián tā huí de lái ma?
3) 两点以前他回不来。　　　Liǎng diǎn yǐqián tā huí bu lái.
4) 两点以前他回得来回不来?　Liǎng diǎn yǐqián tā huí de lái huí bu lái?

4．方向補語3（抽象用法）"起来"：〜しだす、しはじめる。
　　　　　　　　　　　　　　　　　　　　　（開始を表す）
1) 天气渐渐冷起来了。　　Tiānqì jiànjiàn lěng qǐlái le.
2) 外面下起雨来了。　　　Wàimian xià qǐ yǔ lái le.
3) 他们俩关系好起来了。　Tāmen liǎ guānxi hǎo qǐlái le.

練習

[CD 81]

一、例語を用い、下線____を入れ換えて発音しましょう。
（下線____は会話が成立するよう入れ替えなさい）

1) 你<u>上来</u>吧。　　　　Nǐ <u>shànglai</u> ba.
　　上去 shàngqu　　　　下来 xiàlai　　　　下去 xiàqu
　　过来 guòlai　　　　　过去 guòqu　　　　出来 chūlai

2) A:你<u>进</u>得<u>来</u> <u>进</u>不<u>来</u>?　Nǐ <u>jìn</u> de <u>lái</u> <u>jìn</u> bu <u>lái</u>?
　　B:我进得来,他进不来。Wǒ jìn de lái, tā jìn bu lái.
　　进 jìn　　　　/　　　去 qù
　　回 huí　　　　/　　　来 lái
　　回 huí　　　　/　　　去 qù

3) 他<u>走过去</u>了。　Tā <u>zǒu guòqù</u> le.
　　跑下去 pǎo xiàqù　　跳上去 tiào shàngqù　　骑出去 qí chūqù
　　拿回来 ná huílái　　站起来 zhàn qǐlái　　　坐下来 zuò xiàlái

4) A:小王呢?　　　　Xiǎo Wáng ne?
　　B:他<u>走进</u>教室<u>去</u>了。Tā <u>zǒu jìn</u> jiàoshì <u>qù</u> le.
　　进 jìn　　　　/　　　来 lái
　　跑回 pǎohuí　　/　　　去 qù

5) 老师从<u>二楼</u>走<u>下来</u>了。　Lǎoshī cóng <u>èr lóu</u> zǒu <u>xiàlái</u> le.
　　楼下 lóuxià　　　/　　上来 shànglái
　　教室 jiàoshì　　 /　　出来 chūlái
　　外面 wàimian　　 /　　进来 jìnlái

二、次のピンインを簡体字に直し、日本語に訳しなさい。

1. Nǐ jiějie huí jiā qù le ma?

2. Wàimian xià qǐ yǔ lái le ma?

3. Nǐ zuò de tài jiǔ, zhàn de qǐlái ma?　　※ jiǔ久：長い時間

4. Nǐmen zuò xiàlái ba.

5. Lǎoshī shàng jǐ lóu qù le?

三、次の日本語を中国語に訳し、ピンインを付けなさい。

1. どうぞお入りください。

2. このパソコン、一人で持って帰って行けますか。

　　　　　　　　　　　　　　　※（手で）持つ：拿 ná

3. 私の話を聞いて彼女は泣きだした。　　※ 泣く：哭 kū

4. かばんが小さすぎて、入れることができません。

　　　　　　　　　　　　※ 入れる：放进去 fàng jìnqù

5. 彼は図書館から歩いて出て来ました。

第十五课 你把衣服洗洗吧
Dì shíwǔ kè　　Nǐ bǎ yīfu xǐxi ba

会话 Huìhuà

佐藤：今天 你把 这些 衣服 洗洗 吧。
Jīntiān nǐ bǎ zhèxiē yīfu xǐxi ba.

李：不 行，我 要 先 出去 一下。
Bù xíng, wǒ yào xiān chūqu yíxià.

佐藤：有 什么 事 吗？
Yǒu shénme shì ma?

李：昨天 我 的 自行车 被 偷 了。
Zuótiān wǒ de zìxíngchē bèi tōu le.

佐藤：叫 谁 偷走 了？
Jiào shéi tōuzǒu le?

李：谁 知道！ 气死 我 了！
Shéi zhīdao! Qìsǐ wǒ le!

课文 kèwén

　　昨天我的自行车被偷了，我也不知道是谁偷的，反正是叫人偷走了。 今天我本来应该把屋子里的衣服洗洗的，但是我先要出去找我的自行车。

生词 Shēngcí

把 bǎ / 洗 xǐ / 这些 zhèxiē / 被 bèi / 偷 tōu /
叫 jiào / 气 qì / 死 sǐ / 反正 fǎnzhèng / 本来 běnlái /
屋子 wūzi

ポイント

1. "把"構文（処置文）：〜を〜する。
   「主語＋"把"＋目的語＋動詞句」（動詞は単用しない）
1) 你把课文念一念。　　　　Nǐ bǎ kèwén niàn yi nian.
2) 请把那本书递给我。　　　Qǐng bǎ nà běn shū dìgěi wǒ.
3) 我把这篇文章抄下来。　　Wǒ bǎ zhè piān wénzhāng chāo xiàlái.

2．動詞の重ね型：ちょっと〜する。
1) 我看看这本书，行吗？　　Wǒ kànkan zhè běn shū, xíng ma?
2) 我先去看一看情况。　　　Wǒ xiān qù kàn yi kan qíngkuàng.
3) 我们一起学习学习吧。　　Wǒmen yìqǐ xuéxí xuexi ba.
4) 他点了点头，答应了。　　Tā diǎnle dian tóu, dāying le.

3．受け身文"被"：〜される。
1) 我的词典被小王借走了。　Wǒ de cídiǎn bèi xiǎo Wáng jièzǒu le.
2) 小刘被老师批评了一顿。　Xiǎo Liú bèi lǎoshī pīpíngle yí dùn.

4．助動詞（能願動詞）"应该"：〜すべき、〜ねばならない。
1) 去北京站应该坐哪路车？　Qù Běijīng Zhàn yīnggāi zuò nǎ lù chē?
2) 这件事你应该明天做完。　Zhè jiàn shì nǐ yīnggāi míngtiān zuòwán.
3) 你不应该抽烟。　　　　　Nǐ bù yīnggāi chōu yān.

練習

CD 85

一、例語を用い、下線＿＿及び＿＿を入れ換えて発音しましょう。
　（下線＿＿は会話が成立するよう入れ替えなさい）

1) 请把课文念一下。　　　　Qǐng bǎ kèwén niàn yíxià.
　　这件衣服 zhè jiàn yīfu　　／　　洗洗 xǐxi
　　这杯水 zhè bēi shuǐ　　　／　　喝完 hēwán
　　护照 hùzhào　　　　　　 ／　　带来 dàilai
　　课本 kèběn　　　　　　　／　　拿出来 ná chūlái
　　黑板 hēibǎn　　　　　　　／　　擦干净 cā gānjìng
　　门 mén　　　　　　　　　／　　关好 guānhǎo

2) A:我被骂了。　　　　Wǒ bèi mà le.
　 B:你被谁骂了？　　　Nǐ bèi shéi mà le?
　 A:我被爸爸骂了。　　Wǒ bèi bàba mà le.
　　蛋糕 dàngāo　　／　　吃 chī　　／　　妹妹 mèimei
　　杯子 bēizi　　 ／　　打碎 dǎsuì　／　弟弟 dìdi
　　钱包 qiánbāo　 ／　　偷 tōu　　／　　别人 biérén

3) 帽子让风吹走了。　　Màozi ràng fēng chuīzǒu le.
　　词典 cídiǎn　　 ／　同学 tóngxué　／　拿走 názǒu
　　衣服 yīfu　　　 ／　雨 yǔ　　　　／　淋湿 línshī
　　电脑 diànnǎo　　／　朋友 péngyou　／　弄坏 nònghuài

4) 车叫哥哥开走了。　　Chē jiào gēge kāizǒu le.
　　摩托车 mótuōchē　／　　　　　　　／　骑走 qízǒu
　　果汁 guǒzhī　　　／　　　　　　　／　喝 hē
　　自行车 zìxíngchē ／　　　　　　　／　借走 jièzǒu

二、次のピンインを簡体字に直し、日本語に訳しなさい。

1. Nǐ bǎ mén guānshàng le ma?
   　　　　　　　※ V+shàng 上：(動作の結果、接触することを表す)

2. Wǒ néng bu néng jiànjian tā?　　　※ jiàn 见：会う

3. Tā bèi lǎoshī pīpíng le.

4. Nǐ péngyou bǎ nǐ de cídiǎn jièzǒu le.

5. Nǐ néng bǎ zhè píng shuǐ hēwán ma?

三、次の日本語を中国語に訳し、ピンインを付けなさい。

1. 私は彼の名前を忘れてしまいました。　　※ 忘れる：忘了 wàngle

2. あなたの意見を聞いてみたい。　　※ 意見：意见 yìjiàn

3. 財布が盗まれた。

4. 私のパンは友だちに食べられてしまった。

5. あなたは行くべきではない。

第十六课　后天就要考试了
Dì shíliù kè　Hòutiān jiù yào kǎoshì le

会话 Huìhuà

佐藤：今天我不能参加课外活动了。
　　　Jīntiān wǒ bù néng cānjiā kèwài huódòng le.

张：为什么不能来了？你不舒服了吗？
　　Wèishénme bù néng lái le? Nǐ bù shūfu le ma?

佐藤：不是，我班上的同学让我陪他学习汉语。
　　　Bú shì, wǒ bānshang de tóngxué ràng wǒ péi tā xuéxí Hànyǔ.

张：改天不行吗？
　　Gǎitiān bù xíng ma?

佐藤：后天就要测验了，可是他连课文还不会背呢。
　　　Hòutiān jiùyào cèyàn le, kěshì tā lián kèwén hái bú huì bèi ne.

张：谁叫他平时不用功的？这叫自作自受！
　　Shéi jiào tā píngshí bú yònggōng de? Zhè jiào zì zuò zì shòu!

课文 Kèwén

　　我本来答应今天下课以后去参加课外活动的，可是有一个同班同学让我陪他练习汉语会话。后天就要考试了，他连课文也没背下来，快急死了。

生词 Shēngcí

考试 kǎoshì ／ 班 bān ／ 陪 péi ／ 改天 gǎitiān ／ 测验 cèyàn ／ 背 bèi ／ 平时 píngshí ／ 用功 yònggōng ／ 叫 jiào ／ 自作自受 zì zuò zì shòu ／ 同班 tóngbān ／ 急 jí

第十六课

ポイント

1. 使役文"让":〜させる。
1) 你让我想一想。　　　　Nǐ ràng wǒ xiǎng yi xiang.
2) 你让我再考虑一下吧。　Nǐ ràng wǒ zài kǎolǜ yíxià ba.
3) 我爸爸不让我打工。　　Wǒ bàba bú ràng wǒ dǎgōng.

2. 使役文"叫":〜させる。
1) 老师叫我们回答问题。　Lǎoshī jiào wǒmen huídá wèntí.
2) 老师叫你们回答问题吗?　　Lǎoshī jiào nǐmen huídá wèntí ma?
3) 老师叫谁回答问题?　　Lǎoshī jiào shéi huídá wèntí?
4) 老师叫你们做什么?　　Lǎoshī jiào nǐmen zuò shénme?

3. "就要〜了":まもなく〜、もうすぐ〜になる。
1) 火车就要到站了。　　　Huǒchē jiùyào dào zhàn le.
2) 飞机就要到美国了。　　Fēijī jiùyào dào Měiguó le.
3) 就要开学了。　　　　　Jiùyào kāixué le.

4. "连〜也/都":〜さえも〜
1) 我连京都也没去过。　　Wǒ lián Jīngdū yě méi qùguo.
2) 那个学生连课本也没带来。　Nà ge xuésheng lián kèběn yě méi dàilai.
3) 这个道理连小孩儿都知道。　Zhè ge dàolǐ lián xiǎoháir dōu zhīdao.

練習

CD 89

一、例語を用い、下線____及び____を入れ換えて発音しましょう。
　　（下線____は会話が成立するよう入れ替えなさい）

1) <u>老师</u>让学生<u>念课文</u>。　　Lǎoshī ràng xuésheng niàn kèwén.
　　发表文章 fābiǎo wénzhāng
　　听写 tīngxiě
　　出去打球 chūqu dǎ qiú

2) <u>妈妈</u>叫<u>弟弟</u><u>做作业</u>。　　Māma jiào dìdi zuò zuòyè.
　　姐姐 jiějie　　　/　　　洗碗 xǐ wǎn
　　哥哥 gēge　　　 /　　　去买东西 qù mǎi dōngxi
　　老师 lǎoshī　　 /　　　打扫房间 dǎsǎo fángjiān

3) 他请我<u>吃饭</u>。　　Tā qǐng wǒ chī fàn.
　　看电影 kàn diànyǐng
　　喝咖啡 hē kāfēi
　　去他家玩儿 qù tā jiā wánr

4) <u>过两分</u>(就)要<u>上课</u>了。　　Guò liǎng fēn (jiù) yào shàngkè le.
　　马上 mǎshàng　　　　　　/　　　放假 fàngjià
　　过三天 guò sān tiān　　　/　　　开学 kāixué
　　小张明天 Xiǎo Zhāng míngtiān　/　回中国 huí Zhōngguó

5) 快(要)<u>考试</u>了。　　Kuài (yào) kǎoshì le.
　　下课 xiàkè　　　　下雨 xià yǔ　　　　放学 fàngxué

第十六课

二、次のピンインを簡体字に直し、日本語に訳しなさい。

1. Māma jiào shéi qù mǎi dōngxi?

2. Tā bú ràng nǐ huí jiā ma?

3. Bàba jiào wǒ jiāo dìdi shénme?

4. Nǐmen jiùyào shàngkè le ma?

5. Tā lián chī zǎofàn de shíjiān yě méi yǒu.

三、次の日本語を中国語に訳し、ピンインを付けなさい。

1. 私は彼に部屋を掃除するように言われた。

2. 私は彼を留年させない。　　※ 留年：留级 liújí

3. 電車がまもなく発車します。　　※ 発車：开 kāi

4. 私に何をご馳走してくれるのですか。

5. この問題は先生でさえも答えられません。

第十七课　下雨了
Dì shíqī kè　Xià yǔ le

会话 Huìhuà

佐藤：下雨了！
　　　Xià yǔ le!

张：真的？二楼窗户还开着呢。
　　Zhēn de? Èr lóu chuānghu hái kāizhe ne.

佐藤：我去关吧。嗳，你看，那边来了一个高个子。
　　　Wǒ qù guān ba. Ài, nǐ kàn, nàbiān láile yí ge gāogèzi.

张：那一定是我哥哥，他说今天来看我。
　　Nà yídìng shì wǒ gēge, tā shuō jīntiān lái kàn wǒ.

佐藤：他肯定是走着来的，没带伞，淋得像只落汤鸡。
　　　Tā kěndìng shì zǒuzhe lái de, méi dài sǎn, lín de xiàng zhī luòtāngjī.

张：不会吧？快让我看看！
　　Bú huì ba? Kuài ràng wǒ kànkan!

课文 kèwén

　　下雨了。我到二楼去关窗户，看见一个高个子走了过来。小张说那一定是他哥哥。他哥哥没带雨伞，而且是走着来的，所以淋得像只落汤鸡。

生词 Shēngcí

开 kāi / 关 guān / 嗳 ài / 那边 nàbiān / 高个子 gāogèzi / 伞 sǎn / 淋 lín / 像 xiàng / 只 zhī / 落汤鸡 luòtāngjī / 看见 kànjiàn / 所以 suǒyǐ

第十七课

ポイント

1．存現文：(存在、出現、消失を表す)
1) 月台上站着几个人。　　Yuètáishang zhànzhe jǐ ge rén.
2) 我们家昨天来客人了。　Wǒmen jiā zuótiān lái kèren le.
3) 他们班走了两个同学。　Tāmen bān zǒule liǎng ge tóngxué.
4) 下雨了。　　　　　　　Xià yǔ le.

2．動詞＋"着"：～ている。～てある。(状態・動作の持続を表す)
1) 二楼窗户开着呢。　　　Èr lóu chuānghu kāizhe ne.
2) 二楼窗户开着吗?　　　Èr lóu chuānghu kāizhe ma?
3) 二楼窗户没开着。　　　Èr lóu chuānghu méi kāizhe.
4) 二楼窗户开着没有?　　Èr lóu chuānghu kāizhe méi yǒu?

3．動詞＋"着"＋ 動詞：(動作の方式を表す)～しながら～する。
1) 他们俩坐着聊天儿。　　Tāmen liǎ zuòzhe liáotiānr.
2) 我走着来学校。　　　　Wǒ zǒuzhe lái xuéxiào.

4．"是～的"構文
1) 我是从日本来的。　　　Wǒ shì cóng Rìběn lái de.
2) 你是从日本来的吗?　　Nǐ shì cóng Rìběn lái de ma?
3) 我不是从日本来的。　　Wǒ bú shì cóng Rìběn lái de.
4) 你是从哪儿来的?　　　Nǐ shì cóng nǎr lái de?

練習

CD 93

一、例語を用い、下線＿＿を入れ換えて発音しましょう。
　　（下線＿＿は会話が成立するよう入れ替えなさい）

1) 她<u>穿</u>着<u>红衣服</u>。　　　　Tā <u>chuān</u>zhe <u>hóng yīfu</u>.

　　戴 dài　　　　/　　帽子 màozi
　　拿 ná　　　　/　　行李 xíngli
　　背 bēi　　　　/　　书包 shūbāo
　　抱 bào　　　　/　　孩子 háizi

2) A: 他<u>站</u>着<u>看书</u>吗？　　　Tā <u>zhàn</u>zhe <u>kàn shū</u> ma?
　 B: 他没站着看书，他<u>坐</u>着看书。
　　　Tā méi zhànzhe kàn shū, tā <u>zuò</u>zhe kàn shū.

　　躺 tǎng　　　/　　听音乐 tīng yīnyuè　　/　趴 pā
　　站 zhàn　　　/　　找东西 zhǎo dōngxi　　/　蹲 dūn

3) A: 你今天是<u>什么时候</u>来学校的？
　　　Nǐ jīntiān shì <u>shénme shíhou</u> lái xuéxiào de?
　　　从哪儿 cóng nǎr　　　怎么 zěnme
　　　跟谁一起 gēn shéi yìqǐ　　几点 jǐ diǎn

　 B: 我是<u>上午</u>来学校的。　Wǒ shì <u>shàngwǔ</u> lái xuéxiào de.

4) 前边<u>来</u>了<u>一辆自行车</u>。　Qiánbian <u>láile</u> <u>yí liàng zìxíngchē</u>.
　　走来 zǒulai　　/　　一个人 yí ge rén
　　开来 kāilai　　/　　一辆车 yí liàng chē
　　飞来 fēilai　　/　　一只小鸟 yì zhī xiǎoniǎo

第十七课

二、次のピンインを簡体字に直し、日本語に訳しなさい。

1. Wǒmen dàxué láile xīn lǎoshī.

2. Tā cháng kànzhe diànshì chī fàn.

3. Qiángshang guàzhe jǐ zhāng huàr?　　※ guà 挂：掛ける

4. Tā shì cóng Shànghǎi lái de ma?

5. Xiàwǔ chū tàiyáng le méi yǒu?　　※ tàiyáng 太阳：太陽

三、次の日本語を中国語に訳し、ピンインを付けなさい。

1. 前の方から人が走って来ました。

2. 外に出るのはよしなさい。雨が降っていますよ。

3. 私は毎日歩いて学校へ行きます。

4. テーブルに沢山の本が置いてあります。

5. 私が中国語を習い始めたのは今年からです。

第十八课　我十点就睡觉了

Dì shíbā kè　Wǒ shí diǎn jiù shuìjiào le

会话 Huìhuà

张：我昨天夜里两点才睡，
　　Wǒ zuótiān yèli liǎng diǎn cái shuì,

　　现在困极了。
　　xiànzài kùn jí le.

佐藤：我十点就睡觉了。
　　　Wǒ shí diǎn jiù shuìjiào le.

　　　你那么晚怎么还不睡觉？
　　　Nǐ nàme wǎn zěnme hái bú shuìjiào?

张：我看足球赛了。
　　Wǒ kàn zúqiú sài le.

佐藤：假如不看足球赛，你会早睡吗？
　　　Jiǎrú bú kàn zúqiú sài, nǐ huì zǎoshuì ma?

张：即使不看足球，还有篮球赛、
　　Jíshǐ bú kàn zúqiú, hái yǒu lánqiú sài、

　　棒球赛什么的，也得看。
　　bàngqiú sài shénmede, yě děi kàn.

佐藤：原来你是个夜猫子啊。
　　　Yuánlái nǐ shì ge yèmāozi a.

课文 kèwén

　　小张是个夜猫子，天天晚上不是看足球赛，就是看篮球赛、棒球赛什么的，总是睡得很晚。第二天上课的时候当然会打瞌睡。我和他不一样，我相信"早睡早起身体好"这句话，晚上十点就睡觉。

生词 Shēngcí

就 jiù / 夜里 yèli / 才 cái / 困 kùn / 极了 jí le /
赛 sài / 假如 jiǎrú / 即使 jíshǐ / 什么的 shénmede /
得 děi / 原来 yuánlái / 夜猫子 yèmāozi / 总是 zǒngshì /
打瞌睡 dǎ kēshuì / 相信 xiāngxìn / 早起 zǎoqǐ /
身体 shēntǐ / 句 jù

第十八课

ポイント

1. 副詞 "才"：やっと、ようやく
1) 我上午十一点才起床。　Wǒ shàngwǔ shíyī diǎn cái qǐchuáng.
2) 我学了三年才学会。　　Wǒ xuéle sān nián cái xuéhuì.
3) 你怎么现在才来？　　　Nǐ zěnme xiànzài cái lái?

2. 副詞 "就"：すでに、～には、すぐに
1) 我晚上八点半就睡了。　Wǒ wǎnshang bā diǎn bàn jiù shuì le.
2) 他半年就学会拉二胡了。Tā bàn nián jiù xuéhuì lā èrhú le.
3) 他一回家就看电视。　　Tā yì huí jiā jiù kàn diànshì.

3. "怎么"：どうして～、どのように～。
1) 他怎么回家了？　　　Tā zěnme huí jiā le?
2) 你怎么不复习？　　　Nǐ zěnme bú fùxí?
3) 你怎么不睡觉？　　　Nǐ zěnme bú shuìjiào?
4) 你的名字怎么写？　　Nǐ de míngzi zěnme xiě?

4. "和（跟）～一样"：～と同じ（くらい～）。
1) 你的手表和我的一样。　Nǐ de shǒubiǎo hé wǒ de yíyàng.
2) 我和我男朋友一样高。　Wǒ hé wǒ nán péngyou yíyàng gāo.
3) 东京的气候跟上海差不多。　Dōngjīng de qìhòu gēn
　　　　　　　　　　　　　　　Shànghǎi chàbuduō.

練習

CD 97

一、例語を用い、下線＿＿を入れ換えて発音しましょう。
　　（下線＿＿は会話が成立するよう入れ替えなさい）

1) 他<u>现在</u>才<u>到学校</u>。　　Tā xiànzài cái dào xuéxiào.
　　十一点 shíyī diǎn　　/　　吃早饭 chī zǎofàn
　　十点 shí diǎn　　　　/　　上课 shàngkè
　　两点 liǎng diǎn　　　/　　睡觉 shuìjiào

2) 他<u>五点</u>就<u>起床</u>。　　Tā wǔ diǎn jiù qǐchuáng.
　　七点 qī diǎn　　　　　/　　出门 chūmén
　　上午 shàngwǔ　　　　 /　　回来 huílai
　　三岁 sān suì　　　　　/　　学弹钢琴 xué tán gāngqín

3) <u>到邮局怎么走</u>?　　Dào yóujú zěnme zǒu?
　　你今天 nǐ jīntiān　　　/　　回家 huí jiā
　　你 nǐ　　　　　　　　/　　觉得 juéde
　　这个字 zhè ge zì　　　/　　念 niàn
　　麻婆豆腐 mápó dòufu　 /　　做 zuò

4) <u>这件衣服</u>跟<u>那件衣服</u>一样<u>漂亮</u>。
　　Zhè jiàn yīfu gēn nà jiàn yīfu yíyàng piàoliang.
　　今天 jīntiān　　/　昨天 zuótiān　　/　冷 lěng
　　这个 zhè ge　　 /　那个 nà ge　　　/　重要 zhòngyào
　　他 tā　　　　　/　你 nǐ　　　　　/　帅 shuài
　　你 nǐ　　　　　/　他 tā　　　　　/　认真 rènzhēn

5) 我跟你一样<u>喜欢帮助别人</u>。
　　Wǒ gēn nǐ yíyàng xǐhuan bāngzhù biérén.

第十八课

二、次のピンインを簡体字に直し、日本語に訳しなさい。

1. Nà ge háizi zuótiān wǎnshang shí'èr diǎn cái shuìjiào.

2. Nǐ yí fàngxué jiù qù dǎgōng ma?　※fàngxué 放学：学校がひける
　　　　　　　　　　　　　　　　※yī～jiù…一～就…：～するとすぐ…

3. Nǐ zěnme xiànzài cái lái?

4. Wǒ gēn nǐ de zhuānyè yíyàng ma?　　※zhuānyè 专业：専門、専攻

5. Rúguǒ yǒu shíjiān, nǐ xiǎng bu xiǎng qù lǚxíng?
　　　　　　　　　　　　※rúguǒ 如果～：もし～なら

三、次の日本語を中国語に訳し、ピンインを付けなさい。

1. 春になると桜が咲きます。　　　※春：春天 chūntiān
　　　　　　　　　　　　　　　　※桜：樱花 yīnghuā

2. 彼は帰宅するとすぐお風呂に入ります。

3. この漢字は中国語で何と読みますか。※～で、～を用いて：用 yòng

4. この鞄はその鞄と色が違います。　　※色：颜色 yánsè

5. このおかずは母が作るのと同じくらいおいしい。

中日単語集

*数字は掲載課を表す（0 は発音編）。斜体は「ポイント」「練習」に出てくることを示し、数字のないものは、本書にはないが最低学習範囲内の単語。

a

啊	a	～よ	8
嗳	ài	ねぇ、ちょっと	17
阿姨	āyí	おばちゃん	0
爱	ài	愛する	
矮	ǎi	(背が) 低い	4

b

吧	ba	～しましょう (勧誘)	8
吧	ba	そうしよう (了承)	8
吧	ba	なのでしょう？(推量)	8
把～	bǎ	～を…する	15
把	bǎ	(傘、イス等) ～つ	5
爸爸	bàba	お父さん	0
百	bǎi	百	5
半	bàn	三十分	2
班	bān	クラス	16
棒	bàng	よい	9
棒球	bàngqiú	野球	8
傍晚	bàngwǎn	夕方	3
帮助	bāngzhù	手伝う	18
半年	bànnián	半年	18
薄	báo	薄い	4
抱	bào	抱く、抱える	17
报 (纸)	bào(zhǐ)	新聞	3
报告	bàogào	レポート	7
包子	bāozi	まんじゅう	3
杯	bēi	(コップなど) ～杯	13
背	bēi	背負う	17
被	bèi	～に…される	15
背	bèi	覚える	16
北边	běibian	北	6
北京	Běijīng	北京	3
北京人	Běijīngrén	北京の人	1
北京站	Běijīng Zhàn	北京駅	15
北面	běimian	北	6
杯子	bēizi	コップ	15
本	běn	～冊	5
本来	běnlái	もともと	15
本子	běnzi	ノート、冊子	6
比～	bǐ	～より…だ	4
笔	bǐ	ペン	5
笔记本	bǐjìběn	ノート	2
比较	bǐjiào	比較的、まあまあ	4
比赛	bǐsài	試合	
遍	biàn	(一通り) ～回、遍	10
别～ (了)	bié ～ (le)	～するな (禁止)	17
别人	biérén	ほかの人	15
病	bìng	病気 (になる)	10
不	bù	～ない、～しない	1
不太	bú tài	それほど～でない	14
不用	bú yòng	～しなくてもよい	7
不过	búguò	しかし、だけど	13
V＋不＋C	V＋bu＋C	～ができない	13

c

擦	cā	ぬぐう、拭く	15
才	cái	ようやく、やっと	18
菜单	càidān	メニュー	6
参加	cānjiā	参加する	14
餐厅	cāntīng	レストラン	6
操场	cāochǎng	グランド、運動場	6
厕所	cèsuǒ	トイレ	6
测验	cèyàn	テスト、試験	16
茶	chá	お茶	10
差不多	chà bu duō	大差ない	18
长	cháng	長い	4
常	cháng	よく、いつも	6
场	chǎng	(文芸娯楽など) ～回	12
唱	chàng	歌う	9
常常	chángcháng	よく、いつも	3
抄	chāo	書き写す	15
炒饭	chǎofàn	チャーハン	3
车	chē	車	3
车站	chēzhàn	ターミナル、駅	6
衬衫	chènshān	シャツ	5
成	chéng	～となる	
吃	chī	食べる	3
吃 (药)	chī (yào)	(薬を) 飲む	7
抽烟	chōu yān	タバコを吸う	9
抽屉	chōuti	引き出し	6
出	chū	出る	14
出发	chūfā	出発する	11
出门	chūmén	出掛ける	3

穿	chuān	着る、履く	17	得	de	〜の様子・状態が	9
船	chuán	船	3	V＋得＋C	V＋de＋C	〜ができる	13
窗户	chuānghu	窓	2	地	de	(V、Aの修飾語を作る)	14
床	chuáng	ベッド	5	得	děi	しないといけない	18
吹	chuī	吹く	15	等	děng	待つ	13
春天	chūntiān	春	18	递	dì	手渡す	15
词典	cídiǎn	辞書	2	弟弟	dìdi	弟	0
次	cì	〜回	10	地方	dìfang	ところ、場所	12
从	cóng	〜から (起点を示す)	11	地图	dìtú	地図	6
粗	cū	太い	4	点 (钟)	diǎn(zhōng)	〜時	2
				点头	diǎn tóu	頷く	15
		d		电车	diànchē	電車	3
				电话	diànhuà	電話	11
答应	dāying	承諾する	9	电脑	diànnǎo	パソコン	0
打	dǎ	ぶつ、殴る	15	电视	diànshì	テレビ	3
打 (电话)	dǎ(diànhuà)	(電話を) かける	11	电影	diànyǐng	映画	3
打 (电脑)	dǎ(diànnǎo)	(パソコンを) する	12	东边	dōngbian	東	6
打 (瞌睡)	dǎ(kēshuì)	(居眠りを) する	18	东京	Dōngjīng	東京	2
打 (球)	dǎ(qiú)	(球技を) する	7	东京人	Dōngjīngrén	東京の人	1
打工	dǎgōng	アルバイトをする	3	冬天	dōngtiān	冬	0
打扫	dǎsǎo	掃除する	16	东西	dōngxi	もの、しなもの	7
打算	dǎsuan	〜のつもり	7	懂	dǒng	理解する	13
大	dà	大きい	4	动物	dòngwù	動物	0
大阪	Dàbǎn	大阪	6	都	dōu	みな、いずれも	1
大阪人	Dàbǎnrén	大阪の人	1	短	duǎn	短い	4
大家	dàjiā	みんな、みなさん	13	对	duì	その通り、正しい	6
大学	dàxué	大学	6	对〜	duì	〜に対して	0
大学生	dàxuéshēng	大学生	1	顿	dùn	(叱咤、食事) 〜回	15
带	dài	持つ、(人等を) 連れる	10	蹲	dūn	しゃがむ	17
戴	dài	かぶる、身につける	17	多	duō	多い	4
待	dāi	滞在する	12	多少	duōshao	どのくらい	5
大夫	dàifu	医者、〜先生	8				
蛋糕	dàngāo	ケーキ	15			**e**	
担心	dānxīn	心配する	14				
但是	dànshì	しかし	12	鹅	é	ガチョウ	0
当	dāng	〜になる	11	饿	è	お腹がすく	10
当然	dāngrán	当然、当たり前	9	鳄鱼	èyú	ワニ	0
到〜	dào	〜へ、まで (行く)	6	而且	érqiě	それに	11
到	dào	到着する	10	儿子	érzi	息子、せがれ	0
V＋到	dào	〜する (実現)	13	耳朵	ěrduo	耳	0
V＋到〜	dào	〜まで…する (到達)	13	二胡	èrhú	二胡	8
道理	dàolǐ	道理	16				
德国人	Déguórén	ドイツ人	1			**f**	
德语	Déyǔ	ドイツ語	11				
的	de	(限定語をつくる)	2	发表	fābiǎo	発表する	16
的	de	(断定の語気)	8	发生	fāshēng	起きる、発生する	8

法国人	Fǎguórén	フランス人	1	公务员	gōngwùyuán	公務員	2
法语	Fǎyǔ	フランス語	7	公园	gōngyuán	公園	6
翻译	fānyì	通訳(する)	1	工作	gōngzuò	仕事(をする)	7
反正	fǎnzhèng	どうせ、どのみち	15	瓜子儿	guāzǐr	クアズ	0
饭	fàn	ご飯	6	挂	guà	掛ける	13
饭店	fàndiàn	ホテル	6	关	guān	閉まる、閉める	17
房间	fángjiān	部屋	16	关好	guānhǎo	きちんと閉める	15
放	fàng	置く	13	关系	guānxi	関係	14
放假	fàngjià	休みになる	16	贵	guì	(値段が)高い	4
放学	fàngxué	学校がおわる	16	贵姓	guìxìng	お名前(苗字)	1
飞	fēi	飛ぶ	17	国外	guówài	国外	7
非常	fēicháng	とても、非常に	4	果汁	guǒzhī	ジュース	7
飞机	fēijī	飛行機	3	过	guò	過ぎる	14
分	fēn	～分(時間の単位)	2	V＋过	guo	～したことがある	12
分	fēn	～銭(お金の単位)	5	V＋过	guo	～は済んだ	12
封	fēng	(封書など)～通	11				
风	fēng	風	15		**h**		
服务员	fúwùyuán	従業員、店員	1				
付(钱)	fù(qián)	(お金を)払う	7	还	hái	まだ、依然として	12
附近	fùjìn	近く	9	还可以	hái kěyǐ	まあまあ	9
复习	fùxí	復習する	7	～还是～	háishi	～それとも～?	7
				还是	háishi	やはり	12
	g			孩子	háizi	子供	17
				海边儿	hǎibiānr	海、海辺、海岸	8
该	gāi	～すべき	12	海鸥	hǎi'ōu	カモメ	0
改天	gǎitiān	日を改めて、後日	16	韩国人	Hánguórén	韓国人	1
盖	gài	(はんこ)をおす	13	寒假	hánjià	冬休み	7
干净	gānjìng	清潔できれい	13	汉语	Hànyǔ	中国語	3
感冒	gǎnmào	風邪、かぜをひく	10	好	hǎo	よい	4
干	gàn	～する	9	好	hǎo	はい(承諾の返事)	8
钢笔	gāngbǐ	万年筆	5	V＋好	hǎo	きちんと～する	13
钢琴	gāngqín	ピアノ	4	好吃	hǎochī	(食べて)おいしい	4
高	gāo	(背が)高い	4	好喝	hǎohē	(飲んで)おいしい	4
高个子	gāogèzi	背の高い人	17	好几～	hǎojǐ～	(量が多い事を表す)	8
告诉	gàosu	知らせる、告げる	11	好看	hǎokàn	(見て)よい、きれい	4
高兴	gāoxìng	うれしい	9	好听	hǎotīng	(聞いて)よい	4
高中生	gāozhōngshēng	高校生	10	好玩儿	hǎowánr	面白い、楽しい	12
歌(儿)	gē(r)	歌	9	喝	hē	飲む	3
哥哥	gēge	お兄さん	0	盒	hé	～箱	11
个	ge	～人、～個、～つ	5	和～一样	hé～yíyàng	～と同じ、同じく	18
给～V	gěi	～に…する(対象)	11	合上	héshang	(本などを)閉じる	
V＋给	V＋gěi～	～に…する(移動)	11	合适	héshì	似合う	
跟～V	gēn	～と(に)…する	7	黑	hēi	暗い、黒	12
跟～一样	gēn～yíyàng	～と同じ、同じく	18	黑笔	hēi bǐ	黒いペン	5
公共汽车	gōnggòng qìchē	バス	3	黑板	hēibǎn	黒板	2
公司职员	gōngsī zhíyuán	会社員	1	很	hěn	(とても)	4

红	hóng	赤い	17	叫～	jiào	～に…させる	16
红笔	hóng bǐ	赤いペン	5	交	jiāo	渡す	11
红茶	hóngchá	紅茶	3	教室	jiàoshì	教室	6
厚	hòu	厚い	4	姐姐	jiějie	お姉さん	0
后边	hòubian	後ろ	6	借	jiè	貸す、借りる	3
后面	hòumian	後ろ	6	介绍	jièshào	紹介	1
后年	hòunián	再来年	0	机会	jīhuì	機会、チャンス	0
后天	hòutiān	あさって	0	～极了	jíle	極めて、実に	18
护照	hùzhào	パスポート	15	急忙	jímáng	慌ただしい	14
滑冰	huábīng	スケート(をする)	7	急事	jíshì	急用	14
滑雪	huáxuě	スキー(をする)	7	即使	jíshǐ	たとえ～でも	18
话	huà	はなし	7	吉他	jítā	ギター	7
画	huà	絵を描く	9	今年	jīnnián	今年	0
画儿	huàr	絵	9	今天	jīntiān	今日	0
坏	huài	壊れる、壊す	15	紧张	jǐnzhāng	忙しい、ハードだ	4
欢迎	huānyíng	歓迎する		进	jìn	入る	10
还	huán	返す	11	京都	Jīngdū	京都	6
回	huí	戻る	14	经济	jīngjì	経済	3
回答	huídá	回答する、答える	16	酒	jiǔ	酒	8
会	huì	(会得して)できる	8	就	jiù	すぐに	9
会	huì	～だろう(可能性)	8	久	jiǔ	長い時間、久しく	14
会话	huìhuà	会話(をする)	1	旧	jiù	古い	4
火车	huǒchē	汽車	16	就要～了	jiùyào～le	もうすぐ～	16
				句	jù	(言葉など)～句	18
		j		觉得	juéde	～と感じる、思う	18
				决定	juédìng	決める	11
急	jí	慌てる、焦る	16				
寄	jì	郵送する	11			**k**	
几	jǐ	いくつ	2				
家	jiā	家	4	咖啡	kāfēi	コーヒー	3
家	jiā	(店など)～軒	6	开	kāi	運転する、発車する	3
家庭	jiātíng	家庭		开	kāi	開く、開ける	17
假如	jiǎrú	もし～なら	18	开始	kāishǐ	始める	11
件	jiàn	(贈り物)～個	11	开心	kāixīn	楽しい、愉快	9
件	jiàn	(服など)～着	5	开学	kāixué	学校(学期)が始まる	16
件	jiàn	(事柄)～件、～つ	7	看	kàn	見る、読む	3
见	jiàn	会う	12	看见	kànjiàn	見える	17
简单	jiǎndān	シンプル、簡単		考虑	kǎolǜ	考える、考慮する	16
剪刀	jiǎndāo	はさみ	5	考试	kǎoshì	試験	16
渐渐	jiànjiàn	だんだんと、次第に	14	瞌睡	kēshuì	居眠り	18
教	jiāo	教える	9	可爱	kě'ài	かわいい	0
角	jiǎo	十銭(お金の単位)	5	可是	kěshì	しかし、だけど	10
饺子	jiǎozi	ギョーザ	3	可以	kěyǐ	～してよい、～できる	9
叫	jiào	呼び出す、誘う	8	刻	kè	十五分	2
叫～	jiào	～に…される	15	课本	kèběn	教科書	2
叫～	jiào	～と呼ぶ、と言う	16	课外活动	kèwài huódòng	部活動	14

课文	kèwén	課文、教科書の本文	1
肯定	kěndìng	確かに、きっと	11
空儿	kòngr	ひま	0
口	kǒu	(家族が)～人	0
口袋	kǒudai	ポケット	6
哭	kū	泣く	14
夸	kuā	ほめる	9
块	kuài	(固まり、ブロック)～個	5
块	kuài	～元(お金の単位)	5
快	kuài	速い	9
快要～了	kuàiyào～le	もうすぐ～	16
筷子	kuàizi	箸	5
裤子	kùzi	ズボン	5
困	kùn	眠い	18

l

拉	lā	(楽器を弓で)弾く	8
来	lái	来る	3
蓝笔	lán bǐ	青いペン	5
篮球	lánqiú	バスケットボール	8
老～	lǎo～	(年配の人)～さん	14
老家	lǎojiā	実家	7
老师	lǎoshī	先生、教員	2
老鼠	lǎoshǔ	ネズミ	0
了	le	(完了、変化を表す)	10
累	lèi	くたびれる、疲れる	10
冷	lěng	寒い、冷たい	4
N＋里	li	(場所化の方位詞)	6
离	lí	～から…である	4
李	Lǐ	リ(苗字)	11
里边	lǐbian	中	6
里面	lǐmian	中	6
礼物	lǐwù	プレゼント	11
历史	lìshǐ	歴史	3
俩	liǎ	二人	14
脸	liǎn	顔	10
连～也…	lián～yě…	～ですら…	16
练习	liànxí	練習、練習する	10
凉快	liángkuai	涼しい	4
两	liǎng	二(個数を数える)	4
两	liǎng diǎn	二時	
辆	liàng	(車など)～台	17
聊天	liáotiān	世間話をする	17
淋	lín	ぬれる	17
淋湿	línshī	ぬれる	15

零	líng	零	5
留级	liújí	留年	16
留学生	liúxuéshēng	留学生	1
楼	lóu	階、フロア	0
楼上	lóushàng	上の階	6
楼下	lóuxià	下の階	6
录音	lùyīn	録音したもの	7
落汤鸡	luòtāngjī	びしょぬれ、ぬれねずみ	17
旅行	lǚxíng	旅行(する)	7

m

妈妈	māma	お母さん	0
麻婆豆腐	mápó dòufu	マーボー豆腐	18
马上	mǎshàng	すぐに	9
骂	mà	しかる	15
吗	ma	～ですか	1
买	mǎi	買う	3
馒头	mántou	マントー	5
慢	màn	(スピードが)遅い	9
忙	máng	忙しい	4
毛	máo	十銭(お金の単位)	5
毛衣	máoyī	セーター	5
冒雨	màoyǔ	雨の中を～する	14
帽子	màozi	帽子	2
没	méi	～がない、～していない	4
没什么	méi shénme	なんてことない	11
没意思	méi yìsi	おもしろくない	4
美国	Měiguó	アメリカ	7
美国人	Měiguórén	アメリカ人	1
每天	měitiān	毎日	3
妹妹	mèimei	妹	0
门	mén	ドア、入り口	2
米	mǐ	メートル	8
米饭	mǐfàn	ライス	7
面包	miànbāo	パン	3
面条	miàntiáo	麺類	3
明白	míngbai	はっきり(する)	10
明年	míngnián	来年	0
明天	míngtiān	明日	0
名字	míngzi	名前	13
摩托车	mótuōchē	オートバイ	3
茉莉花茶	mòli huāchá	ジャスミンティー	12

n

中文	ピンイン	日本語	
拿	ná	(手に)取る	13
哪个	nǎ ge	どれ、どの	2
哪国人	nǎguórén	どこの国の人	1
哪里	nǎli	どういたしまして	9
那	nà	あれ、あの	2
那边	nàbian	あそこ、そこ	2
那个	nà ge	あれ、あの	18
那（么）	nà(me)	それなら、では	11
那么	nàme	そんなに、あんなに	18
奶奶	nǎinai	おばあちゃん	0
难	nán	難しい	13
男	nán	男	18
男朋友	nán péngyou	ボーイフレンド	18
南边	nánbian	南	6
南京	Nánjīng	南京	6
那儿	nàr	そこ、あそこ	12
哪儿	nǎr	どこ	6
那样	nàyàng	あのように	6
呢	ne	～は？	1
呢	ne	(持続・継続を表す)	17
能	néng	(条件が整い) 可能	8
能	néng	(能力があり) できる	8
你	nǐ	あなた	1
你好	nǐ hǎo	こんにちは	1
你们	nǐmen	あなたたち	2
年	nián	年	12
年级	niánjí	～年生	0
念	niàn	朗読する、音読する	7
鸟	niǎo	鳥	0
您	nín	あなたさま	1
牛	niú	牛	0
牛奶	niúnǎi	牛乳	0
弄	nòng	～する、いじる	15
暖和	nuǎnhuo	暖かい	4
女儿	nǚ ér	娘	0
女朋友	nǚ péngyou	ガールフレンド	

o

哦	ó	おや、あれ	0

p

趴	pā	這う	17
排球	páiqiú	バレーボール	7
盘子	pánzi	皿	13
旁边	pángbiān	そば、わき	6
胖	pàng	太っている	4
跑	pǎo	走る	14
跑步	pǎobù	(歩を)走る	9
陪	péi	お供する	16
朋友	péngyou	友達	2
批评	pīpíng	叱る、批判する	15
啤酒	píjiǔ	ビール	7
篇	piān	(文章)～編	15
便宜	piányi	安い	4
漂亮	piàoliang	美しい	5
乒乓球	pīngpāngqiú	卓球	7
瓶	píng	(瓶入り) ～本	5
平常	píngcháng	いつも、普段	10
平时	píngshí	いつも、普段	16

q

骑	qí	(またがって)乗る	3
起	qǐ	起きる	14
起床	qǐchuáng	起床する、起きる	3
～起来	qǐlái	～し始める (開始)	14
起来	qǐlai	起きる	14
气	qì	怒る、腹立たしい	15
气候	qìhòu	気候	18
千	qiān	千	5
铅笔	qiānbǐ	鉛筆	2
铅笔盒	qiānbǐhé	ふでばこ	2
钱	qián	お金	5
钱包	qiánbāo	財布	6
前边	qiánbian	前	6
前面	qiánmian	前	6
前年	qiánnián	おととし	0
前天	qiántiān	おととい	0
墙	qiáng	壁	6
巧克力	qiǎokèlì	チョコレート	11
轻	qīng	軽い	4
清楚	qīngchu	はっきり	14
轻松	qīngsōng	気楽である、気軽	4
情况	qíngkuàng	状況	15
晴天	qíngtiān	晴れ	13
请	qǐng	どうぞ～	10
请	qǐng	～に…してもらう	16
请问	qǐng wèn	おたずねします	
秋天	qiūtiān	秋	
曲子	qǔzi	曲	8

去	qù	行く	3	使	shǐ	をして~せしめる	
去年	qùnián	去年	0	是	shì	…は~だ	1
裙子	qúnzi	スカート	5	是~的	shì ~ de	…は~である	1
				世界	shìjiè	世界	
r				事（情）	shìqing	こと、事柄	
				收音机	shōuyīnjī	ラジオ	5
然后	ránhòu	それから		手	shǒu	手	12
让~	ràng	~に…させる	16	手表	shǒubiǎo	腕時計	2
让~	ràng	~に…される	15	手机	shǒujī	携帯電話	2
热	rè	暑い、熱い	4	手绢儿	shǒujuànr	ハンカチ	0
人	rén	人	5	手帕	shǒupà	ハンカチ	5
认识	rènshi	見知る、知っている		瘦	shòu	やせている	4
认真	rènzhēn	まじめ、真剣	18	书	shū	本	3
日本	Rìběn	日本	14	书包	shūbāo	(学生のもつ) 鞄	2
日本人	Rìběnrén	日本人	1	书店	shūdiàn	本屋	6
日语	Rìyǔ	日本語	3	舒服	shūfu	心地よい	10
容易	róngyì	簡単、容易		书架	shūjià	本棚	6
如果	rúguǒ	もし~なら	18	暑假	shǔjià	夏休み	7
				刷牙	shuāyá	歯磨き (をする)	10
s				帅	shuài	粋である、ハンサム	18
				双	shuāng	(一揃いを数える)	5
赛	sài	試合	18	水	shuǐ	水	3
伞	sǎn	傘	17	水果	shuǐguǒ	果物	5
商店	shāngdiàn	店	3	睡	shuì	眠る	10
V＋上	shàng	(動作の結果、接触することを表す)	14	睡觉	shuìjiào	(眠りを) 眠る	3
上	shàng	上がる	14	说	shuō	話す	3
上边	shàngbian	上	6	说话	shuō huà	(はなしを) 話す	7
上海	Shànghǎi	上海	7	司机	sījī	運転手	1
上海人	Shànghǎirén	上海の人	1	死	sǐ	死ぬ	15
上课	shàngkè	授業に出る、授業が始まる	3	送	sòng	プレゼントする	11
上面	shàngmian	上	6	宿舍	sùshè	宿舎	6
上午	shàngwǔ	午前	3	岁	suì	~才	0
N＋上	shang	(場所化の方位詞)	6	碎	suì	砕ける	15
少	shǎo	少ない	4	所以	suǒyǐ	だから、そのため	17
谁	shéi	誰	2				
什么	shénme	何、どんな	2	**t**			
什么的	shénmede	など	18				
什么时候	shénme shíhou	いつ	17	她	tā	彼女	1
身体	shēntǐ	からだ	18	他	tā	彼	1
生词	shēngcí	新出単語	7	他们	tāmen	彼たち	2
生日	shēngrì	誕生日	0	台	tái	(機械など) ~台	5
十	shí	十	0	太~(了)	tài ~ (le)	~すぎる、とても	10
时候	shíhou	(~の) 時	3	台湾人	Táiwānrén	台湾の人	1
时间	shíjiān	時間	10	太阳	tàiyáng	太陽	17
食堂	shítáng	食堂	6	弹	tán	(ピアノ、ギターを) 弾く	7
				糖	táng	飴、砂糖	5

躺	tǎng	横たわる	17
踢	tī	蹴る、(サッカーを)する	7
体育馆	tǐyùguǎn	体育館	6
天	tiān	～日間	12
天气	tiānqì	天気	9
条	tiáo	(細くしなやかな物)～つ	5
跳	tiào	とぶ、ジャンプする	14
跳舞	tiàowǔ	(踊りを)踊る	9
听	tīng	聞く	13
停	tíng	止める	13
停	tíng	(雨などが)止む	13
听见	tīngjiàn	聞こえる	13
听说	tīngshuō	聞くところによると	14
听写	tīngxiě	聞き取り(をする)	16
同班	tóngbān	同じクラス	16
同屋	tóngwū	ルームメイト	14
同学	tóngxué	同級生、同窓生	1
同意	tóngyì	同意する	6
通知	tōngzhī	知らせる	14
偷	tōu	盗む	15
图书馆	túshūguǎn	図書館	3
图章	túzhāng	はんこ	13
脱	tuō	脱ぐ	

W

袜子	wàzi	靴下	5
外边	wàibian	外	6
外国	wàiguó	外国	12
外面	wàimian	外	6
外语	wàiyǔ	外国語	8
V＋完	wán	～し終える	13
完	wán	終わる	15
晚	wǎn	(時間が)遅い	10
碗	wǎn	(茶碗などの)～杯	10
晚饭	wǎnfàn	晩ご飯、夕食	7
晚上	wǎnshang	夜、晩	3
王	Wáng	(苗字)オウ	14
网球	wǎngqiú	テニス	12
忘(了)	wàng(le)	忘れる	15
玩儿	wánr	遊ぶ	9
危险	wēixiǎn	危ない	
为什么	wèishénme	なぜ、どうして	4
文学	wénxué	文学	3
文章	wénzhāng	文章	15
问	wèn	問う、尋ねる	11

问题	wèntí	問題	11
我	wǒ	私	1
我们	wǒmen	私たち	1
屋(里)	wū(li)	部屋(の中)	14
吴	Wú	呉(姓)	0
雾	wù	霧	0
午饭	wǔfàn	昼ご飯、昼食	3
乌龙茶	wūlóngchá	ウーロン茶	5
屋子	wūzi	部屋	15

X

西安	Xī'ān	西安	0
西班牙语	Xībānyáyǔ	スペイン語	11
西边	xībian	西	6
希望	xīwàng	希望、望む	
习惯	xíguàn	習慣	
洗	xǐ	洗う	15
喜欢	xǐhuan	好き、好む	9
洗碗	xǐ wǎn	皿を洗う	16
洗澡	xǐzǎo	お風呂に入る	12
细	xì	細い	4
下	xià	下りる	14
下个星期	xià ge xīngqī	来週	8
下雨	xià yǔ	雨が降る	14
下班	xiàbān	仕事が終わる	10
下边	xiàbian	下	6
下次	xiàcì	次回、次	12
下课	xiàkè	授業が終わる	16
下来	xiàlai	下りてくる	14
～下来	xiàlái	(安定を表す)	14
下面	xiàmian	下	6
下去	xiàqu	下りていく	14
夏天	xiàtiān	夏	
下午	xiàwǔ	午後	3
先	xiān	さき	2
现在	xiànzài	今	2
像	xiàng	～のよう	17
向	xiàng	～に、～へ	
想	xiǎng	～したい	7
想	xiǎng	考える	16
香港	Xiānggǎng	ホンコン	12
香港人	Xiānggǎngrén	香港の人	1
橡皮	xiàngpí	消しゴム	2
相信	xiāngxìn	信じる	18
小	xiǎo	小さい、若い	4

小～	xiǎo	(年少の人)～さん	14	也	yě	同様に、～も	1
效果	xiàoguǒ	効果	10	也许	yěxǔ	～かもしれない	
小孩儿	xiǎoháir	子供	16	夜里	yèli	夜中	18
小鸟	xiǎoniǎo	小鳥	17	夜猫子	yèmāozi	夜更かしする人	18
～(个)小时	(ge) xiǎoshí	～時間	8	衣服	yīfu	服	3
小说	xiǎoshuō	小説	2	一～就…	yī～jiù…	～するとすぐ…	18
小提琴	xiǎotíqín	バイオリン	8	医生	yīshēng	医者	1
鞋	xié	靴	5	医院	yīyuàn	病院	10
写	xiě	書く	4	一半	yíbàn	半分	13
谢谢	xièxie	ありがとう	10	一定	yídìng	必ず	10
新	xīn	新しい	4	一共	yígòng	あわせて、全部で	
辛苦	xīnkǔ	苦労する		一会儿	yíhuìr	しばらく	
新闻	xīnwén	ニュース	3	V＋一下	yíxià	少し、ちょっと～	13
信	xìn	手紙	7	一样	yíyàng	同じ、同じく	18
星期二	xīngqī èr	火曜日	0	以后	yǐhòu	その後、～後	
星期几	xīngqī jǐ	何曜日	0	已经	yǐjing	すでに	10
星期六	xīngqī liù	土曜日	0	以前	yǐqián	以前	14
星期日	xīngqī rì	日曜日	0	椅子	yǐzi	椅子	2
星期三	xīngqī sān	水曜日	0	一点儿	yìdiǎnr	少し	4
星期四	xīngqī sì	木曜日	0	意见	yìjiàn	意見	15
星期天	xīngqī tiān	日曜日	0	一口气	yì kǒu qì	一気に	8
星期五	xīngqī wǔ	金曜日	0	一天	yì tiān	いちにち	3
星期一	xīngqī yī	月曜日	0	一起	yìqǐ	一緒に	7
行	xíng	よい (承諾)	8	意思	yìsi	意味	10
行李	xíngli	荷物	17	因为	yīnwèi	なぜなら	4
姓	xìng	(苗字を)名乗る	1	音乐	yīnyuè	音楽	7
兄弟姐妹	xiōngdì jiěmèi	兄弟(姉妹)	6	银行	yínháng	銀行	6
休息	xiūxi	休む、休憩する		印度	Yìndù	インド	12
学	xué	学ぶ、学び事をする	9	应该	yīnggāi	～すべき	12
学会	xuéhuì	マスターする	18	英国	Yīngguó	イギリス	12
学期	xuéqī	学期		英国人	Yīngguórén	イギリス人	1
学生	xuésheng	学生、生徒	1	樱花	yīnghuā	桜	18
学习	xuéxí	勉強する	3	英文	Yīngwén	英語、英文	10
学校	xuéxiào	学校	3	英语	Yīngyǔ	英語	3
				用	yòng	用いる	18
		y		用功	yònggōng	まじめに勉強する	16
				游	yóu	泳ぐ	8
颜色	yánsè	色、カラー	18	邮局	yóujú	郵便局	6
眼睛	yǎnjing	目		邮票	yóupiào	切手	5
眼镜	yǎnjìng	眼鏡	2	游泳	yóuyǒng	(泳ぎを)泳ぐ、水泳	8
样子	yàngzi	様子、～のよう		有	yǒu	持つ、ある、いる	5
要	yào	(是非とも)したい	7	有的	yǒude	あるものは～	13
药	yào	薬	7	有点儿	yǒudiǎnr	(不如意に)少し	10
要	yào	しないといけない	7	有时候	yǒushíhou	時には、ある時	3
要	yào～le	もうすぐ～	16	有意思	yǒu yìsi	おもしろい	4
爷爷	yéye	(父方の)おじいちゃん	0	又	yòu	また	10

中文	ピンイン	日本語	課
右边	yòubian	右	6
鱼	yú	魚	0
愉快	yúkuài	愉快、楽しい	
语法	yǔfǎ	文法	7
羽毛球	yǔmáoqiú	バドミントン	7
雨伞	yǔsǎn	雨傘	2
雨衣	yǔyī	レインコート	0
预习	yùxí	予習（する）	10
远	yuǎn	遠い	4
原来	yuánlái	もともと、実は	18
圆珠笔	yuánzhūbǐ	ボールペン	2
愿意	yuànyì	〜と希望する	11
约	yuē	約束する	8
越来越	yuè lái yuè	ますます	9
越〜越…	yuè 〜 yuè…	〜すればするほど	9
月台	yuètái	プラットホーム	17
运动	yùndòng	運動（する）	6

Z

中文	ピンイン	日本語	課
杂志	zázhì	雑誌	3
在〜	zài	〜にある、いる（所在）	2
在＋V	zài	〜している（進行）	9
V＋在〜	V＋zài 〜	〜に…する（存在）	13
再	zài	また	10
再见	zàijiàn	さようなら	2
咱们	zánmen	（聞き手も含む）私たち	8
脏	zāng	汚れている	
早睡	zǎo shuì	早寝	18
早饭	zǎofàn	朝ご飯	3
早上	zǎoshang	朝	3
怎么〜	zěnme	どうして〜、どのように	18
怎么样	zěnmeyàng	どうですか	4
站	zhàn	立つ	14
战争	zhànzhēng	戦争	8
张	Zhāng	(苗字) チョウ	2
张	zhāng	（紙・机など）枚、〜つ	5
找	zhǎo	探す、訪ねる	14
着急	zháojí	焦る、慌てる	
照相	zhàoxiàng	写真（を撮る）	9
这	zhè	これ、この	2
这个	zhè ge	この、これ	18
这么	zhème	こんに	
这些	zhèxiē	これら	15
这样	zhèyàng	このように	
V着	zhe	〜のまま	17
V1＋着＋V2	zhe	V1の状態でV2する	17
真	zhēn	本当に	8
正	zhèng	まさに	
这儿	zhèr	ここ	13
支（枝）	zhī	（ペンなど）〜本	5
只	zhī	（小動物）〜匹	17
知道	zhīdao	知る	12
职员	zhíyuán	職員	1
只	zhǐ	ただ、〜だけ	17
纸	zhǐ	紙	2
只好	zhǐhǎo	〜するしかない	10
中国	Zhōngguó	中国	7
中国人	Zhōngguórén	中国人	1
中间	zhōngjiān	真ん中	2
中文	Zhōngwén	中国語、中文	2
中午	zhōngwǔ	正午、昼	3
种	zhǒng	〜種	8
重	zhòng	重い	4
重要	zhòngyào	重要	18
祝	zhù	〜と祈る	
注意	zhùyì	注意する	
专业	zhuānyè	専攻、専門	18
准备	zhǔnbèi	準備（する）	
桌子	zhuōzi	つくえ	5
字	zì	字	4
自作自受	zì zuò zì shòu	自業自得	16
自动铅笔	zìdòng qiānbǐ	シャープペンシル	2
自己	zìjǐ	自分	
自行车	zìxíngchē	自転車	3
总是	zǒngshì	いつも、決まって	18
V走	zǒu	〜して立ち去る	8
走	zǒu	行く、立ち去る、帰る	8
走来	zǒulai	歩いてくる	17
足球	zúqiú	サッカー	7
嘴	zuǐ	口	
最	zuì	最も、一番	4
最后	zuìhòu	最後、最後に	
最近	zuìjìn	最近	4
昨天	zuótiān	昨日	0
左边	zuǒbian	左	6
坐	zuò	坐る、腰掛ける	17
坐	zuò	（乗り物に）乗る	3
做	zuò	する、作る	3
做（菜）	zuò(cài)	（料理を）する	8
作业	zuòyè	宿題	3

日中単語集

*数字は掲載課を表す（0は発音編）。斜体は「ポイント」「練習」に出てくることを示し、数字のないものは、本書にはないが最低学習範囲内の単語。

あ

日本語	中国語	ピンイン	課
愛する	爱	ài	
会う	见	jiàn	12
青いペン	蓝笔	lán bǐ	5
赤い	红	hóng	17
赤いペン	红笔	hóng bǐ	5
上がる	上	shàng	14
秋	秋天	qiūtiān	
朝	早上	zǎoshang	3
朝ご飯	早饭	zǎofàn	3
あさって	后天	hòutiān	0
明日	明天	míngtiān	0
焦る、慌てる	着急	zháojí	
あそこ、そこ	那边	nàbian	2
遊ぶ	玩儿	wánr	9
暖かい	暖和	nuǎnhuo	4
新しい	新	xīn	4
厚い	厚	hòu	4
暑い、熱い	热	rè	4
あなた	你	nǐ	1
あなたさま	您	nín	1
あなたたち	你们	nǐmen	2
あのように	那样	nàyàng	
危ない	危险	wēixiǎn	
雨傘	雨伞	yǔsǎn	2
飴、砂糖	糖	táng	5
雨が降る	下雨	xià yǔ	14
雨の中を〜する	冒雨	màoyǔ	14
アメリカ	美国	Měiguó	7
アメリカ人	美国人	Měiguórén	1
洗う	洗	xǐ	15
ありがとう	谢谢	xièxie	10
〜にある、いる (所在)	在〜	zài	2
歩いてくる	走来	zǒulai	17
アルバイトをする	打工	dǎgōng	3
あるものは〜	有的	yǒude	13
あれ、あの	那	nà	2
あれ、あの	那个	nà ge	18
あれ、おや	哦	ó	0
あわせて、全部で	一共	yígòng	
慌ただしい	急忙	jímáng	14
慌てる、焦る	急	jí	16
(安定を表す)	〜下来	xiàlái	14

い

日本語	中国語	ピンイン	課
家	家	jiā	4
粋である、ハンサム	帅	shuài	18
イギリス	英国	Yīngguó	12
イギリス人	英国人	Yīngguórén	1
行く	去	qù	3
行く、立ち去る、帰る	走	zǒu	8
いくつ	几	jǐ	2
意見	意见	yìjiàn	15
医者	医生	yīshēng	1
医者、〜先生	大夫	dàifu	8
椅子	椅子	yǐzi	2
以前	以前	yǐqián	14
忙しい	忙	máng	4
忙しい、ハードだ	紧张	jǐnzhāng	4
いちにち	一天	yì tiān	3
一気に	一口气	yì kǒu qì	8
一緒に	一起	yìqǐ	7
いつ	什么时候	shénme shíhou	17
いつも、決まって	总是	zǒngshì	18
いつも、普段	平常	píngcháng	10
いつも、普段	平时	píngshí	16
居眠り	瞌睡	kēshuì	18
〜と祈り	祝	zhù	
今	现在	xiànzài	2
意味	意思	yìsi	10
妹	妹妹	mèimei	0
色、カラー	颜色	yánsè	18
インド	印度	Yìndù	12

う

日本語	中国語	ピンイン	課
ウーロン茶	乌龙茶	wūlóngchá	5
上	上边	shàngbian	6
上	上面	shàngmian	6
上の階	楼上	lóushàng	6
牛	牛	niú	0
後ろ	后边	hòubian	6
後ろ	后面	hòumian	6
薄い	薄	báo	4
歌	歌（儿）	gē(r)	9

日本語	中国語	ピンイン	課
歌う	唱	chàng	9
美しい	漂亮	piàoliang	5
腕時計	手表	shǒubiǎo	2
頷く	点头	diǎn tóu	15
海、海辺、海岸	海边儿	hǎibiānr	8
うれしい	高兴	gāoxìng	9
運転手	司机	sījī	1
運転する、発車する	开	kāi	3
運動（する）	运动	yùndòng	12

え

絵	画儿	huàr	9
映画	电影	diànyǐng	3
英語	英语	Yīngyǔ	3
英語、英文	英文	Yīngwén	10
絵を描く	画	huà	9
鉛筆	铅笔	qiānbǐ	2

お

（食べて）おいしい	好吃	hǎochī	4
（飲んで）おいしい	好喝	hǎohē	4
（苗字）オウ	王	Wáng	14
（量が多い事を表す）	好几～	hǎojǐ～	8
多い	多	duō	4
大きい	大	dà	4
大阪	大阪	Dàbǎn	6
大阪の人	大阪人	Dàbǎnrén	1
オートバイ	摩托车	mótuōchē	3
お母さん	妈妈	māma	0
お金	钱	qián	5
起きる	起	qǐ	14
起きる	起来	qǐlai	14
起きる、発生する	发生	fāshēng	8
置く	放	fàng	13
怒る、腹立たしい	气	qì	15
（父方の）おじいちゃん	爷爷	yéye	0
教える	教	jiāo	9
（はんこ）をおす	盖	gài	13
（スピードが）遅い	慢	màn	9
（時間が）遅い	晚	wǎn	10
おたずねします	请问	qǐng wèn	1
お茶	茶	chá	10
お父さん	爸爸	bàba	0
弟	弟弟	dìdi	0
男	男	nán	18
おととい	前天	qiántiān	0
おととし	前年	qiánnián	0
お供する	陪	péi	16
（踊りを）踊る	跳舞	tiàowǔ	9
お腹がすく	饿	è	10
同じ、同じく	一样	yíyàng	18
～と同じ、同じく	跟～一样	gēn～yíyàng	18
～と同じ、同じく	和～一样	hé～yíyàng	18
同じクラス	同班	tóngbān	16
お名前（苗字）	贵姓	guìxìng	1
お兄さん	哥哥	gēge	0
お姉さん	姐姐	jiějie	0
おばあちゃん	奶奶	nǎinai	0
おばちゃん	阿姨	āyí	0
お風呂に入る	洗澡	xǐzǎo	12
覚える	背	bèi	16
重い	重	zhòng	4
おもしろい	有意思	yǒu yìsi	4
面白い、楽しい	好玩儿	hǎowánr	12
おもしろくない	没意思	méi yìsi	4
泳ぐ	游	yóu	8
（泳ぎを）泳ぐ、水泳	游泳	yóuyǒng	8
下りていく	下去	xiàqu	14
下りてくる	下来	xiàlai	14
下りる	下	xià	14
終わる	完	wán	15
音楽	音乐	yīnyuè	7

か

ガールフレンド	女朋友	nǚ péngyou	
階、フロア	楼	lóu	0
～回	次	cì	10
（一通り）～回、遍	遍	biàn	10
（叱咤、食事）～回	顿	dùn	15
（文芸娯楽など）～回	场	chǎng	12
外国	外国	wàiguó	12
外国語	外语	wàiyǔ	8
会社員	公司职员	gōngsī zhíyuán	1
回答する、答える	回答	huídá	16
会話（をする）	会话	huìhuà	1
買う	买	mǎi	3
返す	还	huán	11
顔	脸	liǎn	10
書き写す	抄	chāo	15

書く	写	xiě	4
学生、生徒	学生	xuésheng	1
掛ける	挂	guà	13
(電話を)かける	打(电话)	dǎ(diànhuà)	11
傘	伞	sǎn	17
貸す、借りる	借	jiè	3
風	风	fēng	15
風邪、かぜをひく	感冒	gǎnmào	10
ガチョウ	鹅	é	0
学期	学期	xuéqī	2
学校	学校	xuéxiào	3
学校(学期)が始まる	开学	kāixué	16
学校がおわる	放学	fàngxué	16
家庭	家庭	jiātíng	4
必ず	一定	yídìng	10
彼女	她	tā	1
(条件が整い)可能	能	néng	8
(学生のもつ)鞄	书包	shūbāo	2
かぶる、身につける	戴	dài	17
課文、教科書の本文	课文	kèwén	1
壁	墙	qiáng	6
紙	纸	zhǐ	2
~かもしれない	也许	yěxǔ	0
カモメ	海鸥	hǎi'ōu	0
火曜日	星期二	xīngqī èr	0
~から(起点を示す)	从	cóng	11
~から…である	离	lí	4
からだ	身体	shēntǐ	18
軽い	轻	qīng	4
彼	他	tā	1
彼たち	他们	tāmen	2
かわいい	可爱	kě'ài	0
考える、考慮する	考虑	kǎolǜ	16
考える	想	xiǎng	16
関係	关系	guānxi	14
歓迎する	欢迎	huānyíng	4
韓国人	韩国人	Hánguórén	1
~と感じる、思う	觉得	juéde	18
簡単、容易	容易	róngyì	5
(完了、変化を表す)	了	le	10

き

機会、チャンス	机会	jīhuì	0
聞き取り(をする)	听写	tīngxiě	16
聞く	听	tīng	13
聞くところによると	听说	tīngshuō	14
気候	气候	qìhòu	18
聞こえる	听见	tīngjiàn	13
汽車	火车	huǒchē	16
起床する、起きる	起床	qǐchuáng	3
北	北边	běibian	6
北	北面	běimian	6
ギター	吉他	jítā	7
きちんと~する	V+好	hǎo	13
きちんと閉める	关好	guānhǎo	15
切手	邮票	yóupiào	5
昨日	昨天	zuótiān	0
希望、望む	希望	xīwàng	0
~と希望する	愿意	yuànyì	11
決める	决定	juédìng	11
牛乳	牛奶	niúnǎi	0
急用	急事	jíshì	14
今日	今天	jīntiān	0
教科書	课本	kèběn	2
教室	教室	jiàoshì	6
兄弟(姉妹)	兄弟姐妹	xiōngdì jiěmèi	6
京都	京都	Jīngdū	6
ギョーザ	饺子	jiǎozi	3
去年	去年	qùnián	0
曲	曲子	qǔzi	8
気楽である、気軽	轻松	qīngsōng	4
霧	雾	wù	0
(見て)よい、きれい	好看	hǎokàn	4
着る、履く	穿	chuān	17
極めて、実に	~极了	jíle	18
銀行	银行	yínháng	6
金曜日	星期五	xīngqī wǔ	0

く

(言葉など)~句	句	jù	18
クアズ	瓜子儿	guāzǐr	0
薬	药	yào	7
砕ける	碎	suì	15
くたびれる、疲れる	累	lèi	10
果物	水果	shuǐguǒ	5
口	嘴	zuǐ	
靴	鞋	xié	5
靴下	袜子	wàzi	5
暗い、黒	黑	hēi	12
グランド、運動場	操场	cāochǎng	6

日本語	中文	ピンイン	課
クラス	班	bān	16
来る	来	lái	3
車	车	chē	3
黒いペン	黑笔	hēi bǐ	5
苦労する	辛苦	xīnkǔ	

け

日本語	中文	ピンイン	課
経済	经济	jīngjì	3
携帯電話	手机	shǒujī	2
ケーキ	蛋糕	dàngāo	15
消しゴム	橡皮	xiàngpí	2
月曜日	星期一	xīngqī yī	0
蹴る、(サッカーを)する	踢	tī	7
(店など) ~軒	家	jiā	6
~元 (お金の単位)	块	kuài	5

こ

日本語	中文	ピンイン	課
~人、~個、~つ	个	ge	5
(贈り物) ~個	件	jiàn	11
(固まり、ブロック) ~個	块	kuài	5
呉 (姓)	吴	Wú	0
公園	公园	gōngyuán	6
効果	效果	xiàoguǒ	10
高校生	高中生	gāozhōngshēng	10
紅茶	红茶	hóngchá	3
公務員	公务员	gōngwùyuán	2
コーヒー	咖啡	kāfēi	3
国外	国外	guówài	7
黒板	黑板	hēibǎn	2
ここ	这儿	zhèr	13
午後	下午	xiàwǔ	3
心地よい	舒服	shūfu	10
午前	上午	shàngwǔ	3
コップ	杯子	bēizi	15
こと、事柄	事(情)	shìqing	
今年	今年	jīnnián	0
子供	小孩儿	xiǎoháir	16
子供	孩子	háizi	17
小鳥	小鸟	xiǎoniǎo	17
この、これ	这个	zhè ge	18
このように	这样	zhèyàng	
ご飯	饭	fàn	6
これ、この	这	zhè	2
これら	这些	zhèxiē	15
壊れる、壊す	坏	huài	15
こんなに	这么	zhème	
こんにちは	你好	nǐ hǎo	1

さ

日本語	中文	ピンイン	課
~才	岁	suì	0
最近	最近	zuìjìn	4
最後、最後に	最后	zuìhòu	
財布	钱包	qiánbāo	6
探す、訪ねる	找	zhǎo	14
魚	鱼	yú	0
さき	先	xiān	2
桜	樱花	yīnghuā	18
酒	酒	jiǔ	8
~冊	本	běn	5
サッカー	足球	zúqiú	7
雑誌	杂志	zázhì	3
寒い、冷たい	冷	lěng	4
さようなら	再见	zàijiàn	2
皿	盘子	pánzi	13
再来年	后年	hòunián	0
皿を洗う	洗碗	xǐ wǎn	16
~に…させる	叫~	jiào	16
~に…させる	让~	ràng	16
~に…される	被	bèi	15
~に…される	叫~	jiào	15
~に…される	让~	ràng	15
(年少の人) ~さん	小~	xiǎo	14
(年配の人) ~さん	老~	lǎo~	14
参加する	参加	cānjiā	14
三十分	半	bàn	2

し

日本語	中文	ピンイン	課
字	字	zì	4
~時	点(钟)	diǎn(zhōng)	2
試合	赛	sài	18
試合	比赛	bǐsài	
~し終える	V＋完	wán	13
次回、次	下次	xiàcì	12
しかし	但是	dànshì	12
しかし、だけど	可是	kěshì	10
しかし、だけど	不过	búguò	13
しかる	骂	mà	15
叱る、批判する	批评	pīpíng	15

日本語	中文	ピンイン	
時間	时间	shí jiān	10
～時間	～(个)小时	(ge) xiǎoshí	8
試験	考试	kǎoshì	16
自業自得	自作自受	zì zuò zì shòu	16
仕事(をする)	工作	gōngzuò	7
仕事が終わる	下班	xiàbān	10
辞書	词典	cídiǎn	2
(持続・継続を表す)	呢	ne	17
下	下边	xiàbian	6
下	下面	xiàmian	6
(是非とも)したい	要	yào	7
～したい	想	xiǎng	7
～したことがある	V＋过	guo	12
下の階	楼下	lóuxià	6
実家	老家	lǎojiā	5
自転車	自行车	zìxíngchē	3
～している(進行)	在＋V	zài	9
～して立ち去る	V走	zǒu	8
～に…してもらう	请	qǐng	16
～しなくてもよい	不用	bú yòng	7
しないといけない	要	yào	7
しないといけない	得	děi	18
死ぬ	死	sǐ	15
～し始める(開始)	～起来	qǐ lai	14
～しましょう(勧誘)	吧	ba	8
しばらく	一会儿	yíhuìr	
自分	自己	zìjǐ	
閉まる、閉める	关	guān	17
シャープペンシル	自动铅笔	zìdòng qiānbǐ	2
しゃがむ	蹲	dūn	17
写真(を撮る)	照相	zhàoxiàng	9
ジャスミンティー	茉莉花茶	mòli huāchá	12
シャツ	衬衫	chènshān	5
上海	上海	Shànghǎi	7
上海の人	上海人	Shànghǎirén	1
～種	种	zhǒng	8
十	十	shí	0
習慣	习惯	xíguàn	
従業員、店員	服务员	fúwùyuán	1
十五分	刻	kè	2
ジュース	果汁	guǒzhī	7
十銭(お金の単位)	角	jiǎo	5
十銭(お金の単位)	毛	máo	5
(V、Aの修飾語を作る)	地	de	14
重要	重要	zhòngyào	18
授業が終わる	下课	xiàkè	16
授業に出る、授業が始まる	上课	shàngkè	3
宿舎	宿舍	sùshè	6
宿題	作业	zuòyè	3
出発する	出发	chūfā	11
準備(する)	准备	zhǔnbèi	
紹介	介绍	jièshào	1
状況	情况	qíngkuàng	15
正午、昼	中午	zhōngwǔ	3
小説	小说	xiǎoshuō	2
承諾する	答应	dāying	9
職員	职员	zhíyuán	1
食堂	食堂	shítáng	6
知らせる	通知	tōngzhī	14
知らせる、告げる	告诉	gàosu	11
知る	知道	zhī dao	12
新出単語	生词	shēngcí	7
信じる	相信	xiāngxìn	18
心配する	担心	dānxīn	14
シンプル、簡単	简单	jiǎndān	
新聞	报(纸)	bào(zhǐ)	3

す

水曜日	星期三	xīngqī sān	0
スカート	裙子	qúnzi	5
好き、好む	喜欢	xǐhuan	9
スキー(をする)	滑雪	huáxuě	7
過ぎる	过	guò	14
少ない	少	shǎo	4
すぐに	就	jiù	9
すぐに	马上	mǎshàng	9
スケート(をする)	滑冰	huábīng	7
少し	一点儿	yìdiǎnr	4
(不如意に)少し	有点儿	yǒudiǎnr	10
少し、ちょっと～	V＋一下	yíxià	13
涼しい	凉快	liángkuai	4
すでに	已经	yǐjing	10
スペイン語	西班牙语	Xībānyáyǔ	11
～すぎる、とても	太～(了)	tài～(le)	10
～すべき	该	gāi	12
～すべき	应该	yīnggāi	12
ズボン	裤子	kùzi	5
～は済んだ	V＋过	guo	12
する、作る	做	zuò	3
～する	干	gàn	9
～する(実現)	V＋到	dào	13

日本語	中国語	ピンイン	課
～する、いじる	弄	nòng	15
(居眠りを)する	打(瞌睡)	dǎ(kēshuì)	18
(球技を)する	打(球)	dǎ(qiú)	8
(パソコンを)する	打(电脑)	dǎ(diànnǎo)	12
(料理を)する	做(菜)	zuò(cài)	8
～を…する	把～	bǎ	15
～するしかない	只好	zhǐhǎo	10
～するとすぐ…	一～就…	yī～jiù…	18
～するな(禁止)	别～(了)	bié～(le)	17
～すればするほど	越～越…	yuè～yuè…	9
坐る、腰掛ける	坐	zuò	17

せ

西安	西安	Xī'ān	0
清潔できれい	干净	gānjìng	13
セーター	毛衣	máoyī	5
背負う	背	bēi	17
世界	世界	shìjiè	
世間話をする	聊天	liáotiān	17
をして～せしめる	使	shǐ	
(動作の結果、接触することを表す)	V＋上	shàng	14
背の高い人	高个子	gāogèzi	17
千	千	qiān	5
～銭(お金の単位)	分	fēn	5
専攻、専門	专业	zhuānyè	18
先生、教員	老师	lǎoshī	2
戦争	战争	zhànzhēng	8

そ

掃除する	打扫	dǎsǎo	16
そうしよう(了承)	吧	ba	8
そこ、あそこ	那儿	nàr	12
外	外边	wàibian	6
外	外面	wàimian	6
その後、～後	以后	yǐhòu	
その通り、正しい	对	duì	3
そば、わき	旁边	pángbiān	6
それから	然后	ránhòu	
それなら、では	那(么)	nà(me)	11
それに	而且	érqiě	11
～それとも～?	～还是～	háishi	7
それほど～でない	不太	bú tài	14

そんなに、あんなに	那么	nàme	18
(一揃いを数える)	双	shuāng	5

た

ターミナル、駅	车站	chēzhàn	6
(機械など)～台	台	tái	5
(車など)～台	辆	liàng	17
体育館	体育馆	tǐyùguǎn	6
大学	大学	dàxué	6
大学生	大学生	dàxuéshēng	1
滞在する	待	dāi	12
大差ない	差不多	chà bu duō	18
～に対して	对～	duì	
太陽	太阳	tàiyáng	17
台湾の人	台湾人	Táiwānrén	1
(背が)高い	高	gāo	4
(値段が)高い	贵	guì	4
だから、そのため	所以	suǒyǐ	17
抱く、抱える	抱	bào	17
確かに、きっと	肯定	kěndìng	11
ただ、～だけ	只	zhǐ	17
立つ	站	zhàn	14
卓球	乒乓球	pīngpāngqiú	7
たとえ～でも	即使	jíshǐ	18
楽しい、愉快	开心	kāixīn	9
タバコを吸う	抽烟	chōu yān	9
食べる	吃	chī	3
誰	谁	shéi	2
～だろう(可能性)	会	huì	8
誕生日	生日	shēngrì	0
だんだんと、次第に	渐渐	jiànjiàn	14
(断定の語気)	的	de	8

ち

小さい、若い	小	xiǎo	4
近く	附近	fùjìn	9
地図	地图	dìtú	6
チャーハン	炒饭	chǎofàn	3
(服など)～着	件	jiàn	5
(苗字)チョウ	张	Zhāng	2
注意する	注意	zhùyì	
中国	中国	Zhōngguó	7
中国語	汉语	Hànyǔ	3
中国語、中文	中文	Zhōngwén	2

日本語	中国語	ピンイン		日本語	中国語	ピンイン	
中国人	中国人	Zhōngguórén	1	同級生、同窓生	同学	tóngxué	1
チョコレート	巧克力	qiǎokèlì	11	東京	东京	Dōngjīng	2
				東京の人	东京人	Dōngjīngrén	1
つ				どうして〜、どのように	怎么〜	zěnme	18
				どうせ、どのみち	反正	fǎnzhèng	15
(傘、lt等) 〜つ	把	bǎ	5	当然、当たり前	当然	dāngrán	9
(紙・机など) 枚、〜つ张	〜つ张	zhāng	5	どうぞ〜	请	qǐng	10
(事柄) 〜件、〜つ	件	jiàn	7	到着する	到	dào	10
(細くしなやかな物) 〜つ条	tiáo		5	どうですか	怎么样	zěnmeyàng	4
(封書など) 〜通	封	fēng	11	動物	动物	dòngwù	
通訳 (する)	翻译	fānyì	1	同様に、〜も	也	yě	1
つくえ	桌子	zhuōzi	5	道理	道理	dàolǐ	16
				遠い	远	yuǎn	4
て				時には、ある時	有时候	yǒushíhou	3
				どこ	哪儿	nǎr	6
手	手	shǒu	12	どこの国の人	哪国人	nǎguórén	1
出掛ける	出门	chūmén	3	ところ、場所	地方	dìfang	12
手紙	信	xìn	7	年	年	nián	12
(会話して) できる	会	huì	8	図書館	图书馆	túshūguǎn	3
(能力があり) できる	能	néng	8	(本などを) 閉じる	合上	héshang	
(条件が整い) 可能	能	néng	8	(とても)	很	hěn	4
〜してよい、〜できる	可以	kěyǐ	9	とても、非常に	非常	fēicháng	4
〜ができない	V+不+C	V+bu+C	13	どのくらい	多少	duōshao	5
〜ができる	V+得+C	V+de+C	13	とぶ、ジャンプする	跳	tiào	14
テスト、試験	测验	cèyàn	16	飛ぶ	飞	fēi	17
〜ですか	吗	ma	1	止める	停	tíng	13
〜ですら…	连〜也…	lián〜yě…	16	友達	朋友	péngyou	2
手伝う	帮助	bāngzhù	18	土曜日	星期六	xīngqī liù	0
テニス	网球	wǎngqiú	12	鳥	鸟	niǎo	0
出る	出	chū	14	どれ、どの	哪个	nǎ ge	2
テレビ	电视	diànshì	3	(手に) 取る	拿	ná	13
手渡す	递	dì	15				
天気	天气	tiānqì	9	**な**			
電車	电车	diànchē	3				
電話	电话	diànhuà	11	〜ない、〜しない	不	bù	1
				〜がない、〜していない	没	méi	4
と				中	里边	lǐbian	6
				中	里面	lǐmian	6
〜と (に) …する	跟〜V	gēn	7	長い	长	cháng	4
ドア、入り口	门	mén	2	長い時間、久しく	久	jiǔ	14
ドイツ語	德语	Déyǔ	11	泣く	哭	kū	14
ドイツ人	德国人	Déguórén	1	なぜ、どうして	为什么	wèishénme	4
トイレ	厕所	cèsuǒ	6	なぜなら	因为	yīnwèi	4
問う、尋ねる	问	wèn	11	夏	夏天	xiàtiān	
同意する	同意	tóngyì		夏休み	暑假	shǔjià	7
どういたしまして	哪里	nǎli	9	など	什么的	shénmede	18

日中単語集

日本語	中国語	ピンイン	課
何、どんな	什么	shénme	2
なのでしょう？(推量)	吧	ba	8
(苗字を)名乗る	姓	xìng	1
名前	名字	míngzi	13
～となる	成	chéng	
南京	南京	Nánjīng	6
なんてことない	没什么	méi shénme	11
何曜日	星期几	xīngqī jǐ	0

に

～に…する (対象)	给～V	gěi	11
～に…する (移動)	V＋给～	V＋gěi～	11
～に…する (存在)	V＋在～	V＋zài～	13
～に、～へ	向	xiàng	
二 (個数を数える)	两	liǎng	4
似合う	合适	héshì	
二胡	二胡	èrhú	8
西	西边	xībian	6
二時	两	liǎng diǎn	
～日間	天	tiān	12
日曜日	星期日	xīngqī rì	0
日曜日	星期天	xīngqī tiān	0
～になる	当	dāng	11
日本	日本	Rìběn	14
日本語	日语	Rìyǔ	3
日本人	日本人	Rìběnrén	1
荷物	行李	xíngli	17
ニュース	新闻	xīnwén	3
(家族が)～人	口	kǒu	0

ぬ

脱ぐ	脱	tuō	
ぬぐう、拭く	擦	cā	15
盗む	偷	tōu	15
ぬれる	淋湿	línshī	15
ぬれる	淋	lín	17

ね

ねぇ、ちょっと	嗳	ài	17
ネズミ	老鼠	lǎoshǔ	0
眠い	困	kùn	18
眠る	睡	shuì	10
(眠りを)眠る	睡觉	shuìjiào	3

～年生	年级	niánjí	0
(限定語をつくる)	的	de	2

の

ノート	笔记本	bǐjìběn	2
ノート、冊子	本子	běnzi	6
～のつもり	打算	dǎsuan	7
(～の)時	时候	shíhou	3
～のまま	V着	zhe	17
～のよう	像	xiàng	17
飲む	喝	hē	3
(薬を)飲む	吃（药）	chī(yào)	7
～の様子・状態が	得	de	9
(乗り物に)乗る	坐	zuò	3
(またがって)乗る	骑	qí	3

は

～は？	呢	ne	1
…は～だ	是	shì	1
…は～である	是～的	shì～de	1
はい (承諾の返事)	好	hǎo	8
(コップなど)～杯	杯	bēi	13
(茶碗などの)～杯	碗	wǎn	10
バイオリン	小提琴	xiǎotíqín	8
入る	进	jìn	10
這う	趴	pā	17
～箱	盒	hé	11
はさみ	剪刀	jiǎndāo	5
箸	筷子	kuàizi	5
始める	开始	kāishǐ	11
走る	跑	pǎo	14
(歩を)走る	跑步	pǎobù	9
バス	公共汽车	gōnggòng qìchē	3
バスケットボール	篮球	lánqiú	8
パスポート	护照	hùzhào	15
パソコン	电脑	diànnǎo	0
はっきり	清楚	qīngchu	14
はっきり(する)	明白	míngbai	10
発表する	发表	fābiǎo	16
バドミントン	羽毛球	yǔmáoqiú	7
はなし	话	huà	7
話す	说	shuō	3
(はなしを)話す	说话	shuō huà	7
歯磨き(をする)	刷牙	shuāyá	10

日本語	中国語	ピンイン	番号	日本語	中国語	ピンイン	番号
速い	快	kuài	9	太い	粗	cū	4
早寝	早睡	zǎo shuì	18	太っている	胖	pàng	4
(お金を) 払う	付 (钱)	fù(qián)	7	船	船	chuán	3
晴れ	晴天	qíngtiān	13	冬	冬天	dōngtiān	
バレーボール	排球	páiqiú	7	冬休み	寒假	hánjià	7
春	春天	chūntiān	18	プラットホーム	月台	yuètái	17
パン	面包	miànbāo	3	フランス語	法语	Fǎyǔ	7
ハンカチ	手绢儿	shǒujuànr	0	フランス人	法国人	Fǎguórén	1
ハンカチ	手帕	shǒupà	5	古い	旧	jiù	4
はんこ	图章	túzhāng	13	プレゼント	礼物	lǐwù	11
晩ご飯、夕食	晚饭	wǎnfàn	7	プレゼントする	送	sòng	11
半年	半年	bànnián	18	～分 (時間の単位)	分	fēn	2
半分	一半	yíbàn	13	文学	文学	wénxué	3
				文章	文章	wénzhāng	15
	ひ			文法	语法	yǔfǎ	7
ピアノ	钢琴	gāngqín	7		**へ**		
ビール	啤酒	píjiǔ	7				
比較的、まあまあ	比较	bǐjiào	4	～へ、まで (行く)	到～	dào	6
東	东边	dōngbian	6	北京	北京	Běijīng	3
引き出し	抽屉	chōuti	6	北京駅	北京站	Běijīng Zhàn	15
(楽器を弓で) 弾く	拉	lā	8	北京の人	北京人	Běijīngrén	1
(ピアノ、ギターを) 弾く	弹	tán	7	ベッド	床	chuáng	5
(小動物) ～匹	只	zhī	17	部屋	屋子	wūzi	15
(背が) 低い	矮	ǎi	4	部屋	房间	fángjiān	16
飛行機	飞机	fēijī	3	部屋 (の中)	屋 (里)	wū(li)	14
びしょぬれ、ぬれねずみ	落汤鸡	luòtāngjī	17	(文章) ～編	篇	piān	15
左	左边	zuǒbian	6	ペン	笔	bǐ	5
人	人	rén	5	勉強する	学习	xuéxí	3
ひま	空儿	kòngr	0				
百	百	bǎi	5		**ほ**		
病院	医院	yīyuàn	10				
病気 (になる)	病	bìng	10	帽子	帽子	màozi	2
開く、開ける	开	kāi	17	ボーイフレンド	男朋友	nán péngyou	18
昼ご飯、昼食	午饭	wǔfàn	3	ボールペン	圆珠笔	yuánzhūbǐ	2
日を改めて、後日	改天	gǎitiān	16	(場所化の方位詞)	N＋里	li	6
				(場所化の方位詞)	N＋上	shang	6
	ふ			ほかの人	别人	biérén	15
				ポケット	口袋	kǒudai	6
部活動	课外活动	kèwài huódòng	14	細い	细	xì	4
吹く	吹	chuī	15	ホテル	饭店	fàndiàn	6
服	衣服	yīfu	3	ほめる	夸	kuā	9
復習する	复习	fùxí	7	本	书	shū	3
二人	俩	liǎ	14	(瓶入り) ～本	瓶	píng	5
ぶつ、殴る	打	dǎ	15	(ペンなど) ～本	支 (枝)	zhī	5
ふでばこ	铅笔盒	qiānbǐhé	2	ホンコン	香港	Xiānggǎng	12

日本語	中国語	ピンイン	課
香港の人	香港人	Xiānggǎngrén	1
本棚	书架	shūjià	6
本当に	真	zhēn	8
本屋	书店	shūdiàn	6

ま

日本語	中国語	ピンイン	課
マーボー豆腐	麻婆豆腐	mápó dòufu	18
まあまあ	还可以	hái kěyǐ	9
毎日	每天	měitiān	3
前	前边	qiánbian	6
前	前面	qiánmian	6
まさに	正	zhèng	
まじめ、真剣	认真	rènzhēn	18
まじめに勉強する	用功	yònggōng	16
マスターする	学会	xuéhuì	18
ますます	越来越	yuè lái yuè	9
また	又	yòu	10
また	再	zài	10
まだ、依然として	还	hái	12
待つ	等	děng	13
～まで…する（到達）	V＋到～	dào	13
窓	窗户	chuānghu	2
学ぶ、学び事をする	学	xué	9
まんじゅう	包子	bāozi	3
マントー	馒头	mántou	5
真ん中	中间	zhōngjiān	7
万年筆	钢笔	gāngbǐ	5

み

日本語	中国語	ピンイン	課
見える	看见	kànjiàn	17
右	右边	yòubian	6
短い	短	duǎn	4
見知る、知っている	认识	rènshi	
水	水	shuǐ	3
店	商店	shāngdiàn	3
みな、いずれも	都	dōu	1
南	南边	nánbian	6
耳	耳朵	ěrduo	0
見る、読む	看	kàn	3
みんな、みなさん	大家	dàjiā	13

む

日本語	中国語	ピンイン	課
息子、せがれ	儿子	érzi	0

日本語	中国語	ピンイン	課
難しい	难	nán	13
娘	女儿	nǚ'ér	0

め

日本語	中国語	ピンイン	課
目	眼睛	yǎnjing	
メートル	米	mǐ	8
眼鏡	眼镜	yǎnjìng	2
メニュー	菜单	càidān	6
麺類	面条	miàntiáo	3

も

日本語	中国語	ピンイン	課
もうすぐ～	就要～了	jiù yào ～ le	16
もうすぐ～	快要～了	kuàiyào ～ le	16
もうすぐ～	要	yào ～ le	16
木曜日	星期四	xīngqī sì	0
もし～なら	假如	jiǎrú	18
もし～なら	如果	rúguǒ	18
用いる	用	yòng	18
持つ、(人等を)連れる	带	dài	10
持つ、ある、いる	有	yǒu	5
最も、一番	最	zuì	4
もともと	本来	běnlái	15
もともと、実は	原来	yuánlái	18
戻る	回	huí	14
もの、しなもの	东西	dōngxi	7
問題	问题	wèntí	11

や

日本語	中国語	ピンイン	課
野球	棒球	bàngqiú	8
約束する	约	yuē	8
安い	便宜	piányi	4
休みになる	放假	fàngjià	16
休む、休憩する	休息	xiūxi	
やせている	瘦	shòu	4
やはり	还是	háishi	12
(雨などが)止む	停	tíng	13

ゆ

日本語	中国語	ピンイン	課
夕方	傍晚	bàngwǎn	3
郵送する	寄	jì	11
郵便局	邮局	yóujú	6
愉快、楽しい	愉快	yúkuài	

よ

～よ	啊	a	8
よい	好	hǎo	4
(聞いて) よい	好听	hǎotīng	4
よい	棒	bàng	9
よい (承諾)	行	xíng	8
様子、～のよう	样子	yàngzi	
ようやく、やっと	才	cái	18
よく、いつも	常常	chángcháng	3
よく、いつも	常	cháng	6
横たわる	躺	tǎng	17
汚れている	脏	zāng	
予習 (する)	预习	yùxí	10
夜中	夜里	yèli	18
呼び出す、誘う	叫	jiào	8
～と呼ぶ、と言う	叫～	jiào	16
～より…だ	比～	bǐ	4
夜更かしする人	夜猫子	yèmāozi	18
夜、晩	晚上	wǎnshang	3

ら

来週	下个星期	xià ge xīngqī	8
ライス	米饭	mǐfàn	7
来年	明年	míngnián	0
ラジオ	收音机	shōuyīnjī	5

り

リ (苗字)	李	Lǐ	11
理解する	懂	dǒng	13
留学生	留学生	liúxuéshēng	1
留年	留级	liújí	16
旅行 (する)	旅行	lǚxíng	7

る

| ルームメイト | 同屋 | tóngwū | 14 |

れ

零	零	líng	5
レインコート	雨衣	yǔyī	0
歴史	历史	lìshǐ	3
レストラン	餐厅	cāntīng	6
レポート	报告	bàogào	7
練習、練習する	练习	liànxí	10

ろ

| 朗読する、音読する | 念 | niàn | 7 |
| 録音したもの | 录音 | lùyīn | 7 |

わ

忘れる	忘 (了)	wàng(le)	15
私	我	wǒ	1
私たち	我们	wǒmen	1
(聞き手も含む) 私たち	咱们	zánmen	8
渡す	交	jiāo	11
ワニ	鳄鱼	èyú	0

その他

| V1の状態でV2する | V1＋着＋V2 | zhe | 17 |

中文学習基礎篇　改訂版

| 2016 年 1 月 20 日 | 初版第 1 刷発行 |
| 2022 年 2 月 20 日 | 第 4 刷発行 |

著　者　　余　　　　慕
　　　　　小　栗　山　　恵
　　　　　綾　部　武　彦

発行者　　福　岡　正　人
発行所　　株式会社　金星堂
（〒101-0051）東京都千代田区神田神保町 3-21
Tel.（03）3263-3828（営業部）
　　（03）3263-3997（編集部）
Fax.（03）3263-0716
http://www.kinsei-do.co.jp

編集担当　川井義大
印刷所・製本所／倉敷印刷株式会社
本書の無断複製・複写は著作権法上での例外を除き禁じられています。本書を代行業者等の第三者に依頼してスキャンやデジタル化することは、たとえ個人や家庭内での利用であっても認められておりません。
落丁・乱丁本はお取りかえいたします。

ISBN978-4-7647-0701-6　C1087